Evaluación de proyectos de inversión

Primera edición

Eduardo Villarroel C.

EVALUACIÓN DE PROYECTOS DE INVERSIÓN

Primera edición

DERECHOS RESERVADOS, © 2015
Por Luis Eduardo Villarroel Camacho
Calle Isaac Maldonado No. 50
Cochabamba, Bolivia
Email: levillarroel@hotmail.com

ISBN: 978 – 84 – 606 – 7551 – 8

Acerca del autor

Eduardo Villarroel C.

Eduardo Villarroel C. es economista y master en administración y dirección de empresas con mención en finanzas.

En su actividad profesional ha sido Gerente de créditos del Banco Santa Cruz S.A. y Gerente nacional de créditos de la Fundación Agrocapital.

En su actividad académica ha sido docente de pre y post grado en la Universidad Privada Boliviana, Universidad Simón I. Patiño y Universidad Mayor de San Simón en las materias de Análisis de estados financieros, Finanzas corporativas, Preparación y evaluación de proyectos, Contabilidad administrativa, Administración de créditos, Gerencia de créditos, Matemáticas financieras, Economía financiera, Administración de la estructura y costo de capital, Gestión financiera, Finanzas internacionales, Control de gestión, Planificación y estrategia financiera, Análisis de decisiones de inversión y Evaluación de proyectos de inversión.

Asimismo, ha sido consultor financiero de varias empresas.

Prefacio

El proceso de presupuestar recursos financieros es de vital importancia para una empresa. Por ello resulta importante el manejo de herramientas avanzadas de análisis para evaluar proyectos de inversión y decidir sobre su eventual realización.

El libro trata sobre aspectos económico financieros de proyectos de inversión.

El libro es eminentemente práctico y esta diseñado para el autoaprendizaje de la materia. En su redacción se ha pretendido exponer los conceptos teoricos de la forma mas clara y concreta posible, haciendo énfasis en su aplicación practica.

Para facilitar la comprensión de la materia cada capítulo contiene una amplia colección de ejemplos y estudio de casos que ilustran distintos tipos de situaciones, asi como de preguntas y problemas para su autoevaluación.

Los ejemplos y casos que se exponen en esta obra corresponden a situaciones reales, aunque algunas se han modificado para mantener la confidencialidad.

El texto recoge la experiencia profesional y experiencia docente del autor de veinticinco años.

El libro esta dirigido a cursos de evaluación de proyectos a nivel licenciatura y maestrias, asi como a gerentes, directores y profesionales de ciencias empresariales.

Eduardo Villarroel C.

Contenido

1 Inversiones y financiamiento del proyecto

En este capítulo veremos como se clasifican las inversiones, que partidas las componen, como se elabora un plan de inversiones, un cronograma de inversiones, una estructura del financiamiento y finalmente veremos las distintas fuentes de financiamiento.

1.1. Clasificación de las inversiones

Las inversiones de un proyecto se clasifican en inversiones fijas, inversiones intangibles y capital de trabajo.

Inversiones fijas

Las inversiones fijas son todos aquellos activos que tienen una vida útil superior a un año, que se utilizarán en el proceso de producción o que servirán de apoyo a la operación normal del proyecto.

Constituyen inversiones fijas los terrenos, edificaciones y construcciones (planta industrial, almacenes, salas de ventas, oficinas administrativas), instalaciones industriales, maquinaria, equipo, herramientas, vehículos, muebles, enseres e infraestructura de servicios (agua potable, red eléctrica, desagües).

Las inversiones fijas a excepción de los terrenos están sujetas a depreciación, la cual afecta a los resultados del proyecto ya que tiene efecto sobre el cálculo del impuesto a las utilidades.

Inversiones intangibles

Las inversiones intangibles son todos aquellos gastos anticipados y gastos diferidos a realizarse, previos a la puesta en marcha del proyecto.

Las inversiones intangibles son amortizables en un plazo máximo de cinco años y, al igual que la depreciación, se incluyen en el estado de resultados.

Constituyen inversiones intangibles los gastos de organización, las patentes y licencias, los gastos de puesta en marcha y la capacitación del personal.

Los gastos de organización se refieren a todos los desembolsos originados en la organización e instalación del proyecto, que incluyen el diseño de sistemas y procedimientos administrativos, gastos legales para la constitución jurídica de la empresa, sistemas de información y otros.

Los gastos en patentes y licencias se refieren al pago por el derecho o uso de una marca o fórmula, a los permisos municipales y licencias para el funcionamiento del proyecto.

Los gastos de puesta en marcha son todos aquellos gastos que deben realizarse previo al funcionamiento del proyecto. En esta partida se incluyen los alquileres, publicidad, seguros y cualquier otro gasto que se realice antes de la operación del proyecto.

Los gastos de capacitación corresponden a gastos de instrucción, adiestramiento y preparación del personal.

En muchos proyectos se considera una partida especial de "imprevistos" para cubrir inversiones no consideradas en el estudio y para posibles contingencias. El importe se calcula como un porcentaje del total de inversiones.

En general, sólo se deben incluir como inversiones aquellas partidas en las que se incurrirán si de decide llevar a cabo el proyecto. El costo del estudio del proyecto, por ejemplo, no debe considerarse dentro las inversiones por cuanto es un costo que se debe incurrir se lleve a cabo o no el proyecto.

Capital de trabajo

El capital de trabajo es el activo circulante que requiere una empresa para funcionar, para llevar a cabo sus actividades de producción y venta.

1.2.   Plan de inversiones

El plan de inversiones es un resumen de las inversiones fijas, inversiones intangibles y capital de trabajo de un proyecto.

Las inversiones fijas es conveniente agruparlas en grandes categorías, es decir en terrenos, edificaciones y construcciones, maquinaria y equipo, muebles y enseres, vehículos. El detalle de cada una de estas partidas se puede exponer en cuadros separados, como se ilustra en el ejemplo 1.1.

Ejemplo 1.1. **Elaboración de un plan de inversiones**

Elaborar el plan de inversiones de un proyecto que se encuentra en estudio, en base a la información que se detalla a continuación.

Inversiones fijas

Terreno	US$ 20.000 (10.000 m^2)
Edificaciones y construcciones	US$ 96.000
Maquinaria y equipo	US$ 70.000
Muebles y enseres	US$ 10.000
Vehículos	US$ 24.000

Inversiones intangibles

Gastos de organización	US$ 5.000
Gastos de puesta en marcha	US$ 5.000

Capital de trabajo

Capital de operaciones	US$ 30.000

EDIFICACIONES Y CONSTRUCCIONES
En dólares americanos

Descripción	Superficie construida	Costo unitario	Importe
Planta de producción	400 m²	150	60.000
Almacén de insumos y productos terminados	180 m²	150	27.000
Area administrativa	50 m²	180	9.000
TOTAL	**630 m²**	**152**	**96.000**

MAQUINARIA Y EQUIPO
En dólares americanos

Descripción	Cantidad	Costo unitario	Importe
Maquina despulpadora	2	5.200	10.400
Maquina pasteurizadora	1	20.500	20.500
Cámara frigorífica	1	28.600	28.600
Lavadora de envases	1	8.000	8.000
Balanza	1	1.200	1.200
Utensilios varios	Global	1.300	1.300
TOTAL			**70.000**

PLAN DE INVERSIONES
En dólares americanos

Concepto	Cantidad	Costo unitario	Importe
INVERSIONES FIJAS			
Terreno	10.000 m²	2	20.000
Edificaciones y construcciones	630 m²	152	96.000
Maquinaria y equipo	Global		70.000
Muebles y enseres	Global		10.000
Vehículos	1	24.000	24.000
SUB - TOTAL			**220.000**
INVERSIONES INTAGIBLES			
Gastos de organización			5.000
Gastos de puesta en marcha			5.000
SUB - TOTAL			**10.000**
CAPITAL DE TRABAJO			
Capital de operaciones			30.000
SUB - TOTAL			**30.000**
TOTAL			**260.000**

1.3. Cronograma de inversiones

Como las inversiones no se efectúan en un solo momento, es necesario elaborar un cronograma de inversiones expresado en períodos mensuales, quincenales o semanales, para establecer el período en que se realizará cada componente del plan de inversiones.

En el cuadro 1.1 se ilustra el cronograma de inversiones del ejemplo 1.1, donde se detalla el tiempo en el que se ejecutarán las inversiones fijas.

Cuadro 1.1.	**Cronograma de inversiones**

CRONOGRAMA DE INVERSIONES

Concepto	Meses					
	1	2	3	4	5	6
Terreno	▉					
Edificaciones y construcciones	▉▉▉▉▉▉▉▉▉					
Maquinaria y equipo					▉	
Muebles y enseres						▉
Vehículos					▉	

Todas las inversiones previas a la puesta en marcha deben expresarse en el período cero del proyecto. En el caso de que exista un cronograma de inversiones, puede optarse por los siguientes procedimientos:

- Capitalizar los valores del plan de inversiones considerando el tiempo establecido en el cronograma de inversiones, a la tasa del costo del capital accionario.
- Denominar período cero al momento en que se realiza el primer desembolso y tener flujos negativos los primeros períodos.
- Incluir un ítem en el plan de inversiones, del costo de los recursos invertidos en el período de implementación del proyecto.

En su caso también será necesario elaborar un cronograma de inversiones durante la etapa de operación del proyecto, ya que pueden existir inversiones a realizar durante la fase de operación, ya sea porque se precise reemplazar activos desgastados o porque se requiere incrementar la capacidad de producción ante aumentos proyectados de la demanda. En el cuadro 1.2 se ilustra el formato de un cronograma de inversiones durante la etapa de operación de un proyecto.

Cuadro 1.2.	**Cronograma de inversiones**

CRONOGRAMA DE INVERSIONES
En dólares americanos

Concepto	Año 0	Año 1	Año 2	Año 3	Año 4	Año 5
INVERSIONES FIJAS						
Terreno	20.000					
Edificaciones y construcciones	96.000		20.000	30.000		
Maquinaria y equipo	70.000			40.000		30.000
Muebles y enseres	10.000					
Vehículos	24.000			25.000		
SUB - TOTAL	220.000	0	20.000	95.000	0	30.000
INVERSIONES INTAGIBLES						
Gastos de organización	5.000					
Gastos de puesta en marcha	5.000					
SUB - TOTAL	10.000	0	0	0	0	0
CAPITAL DE TRABAJO						
Capital de operaciones	30.000	30.000	36.000	45.000	55.000	60.000
SUB - TOTAL	30.000	30.000	36.000	45.000	55.000	60.000
TOTAL	260.000	30.000	56.000	140.000	55.000	90.000

1.4.   Estructura del financiamiento

Una vez que se ha establecido el monto de las inversiones fijas, inversiones intangibles y del capital de trabajo, es necesario determinar las fuentes de financiamiento.

Una empresa se puede financiar con recursos ajenos (pasivo) o con recursos propios (capital). La proporción del pasivo y el capital respecto al total del activo se conoce como estructura de capital.

Una deuda (pasivo) representa una obligación que debe ser reembolsada, es el resultado de solicitar fondos en préstamo sobre el que se debe pagar intereses

Los recursos propios (capital) no poseen un rendimiento garantizado u obligatorio que deba ser pagado, ni un calendario para el reembolso del capital. Por los recursos aportados por los accionistas, la empresa paga dividendos, que están en función a las utilidades netas generadas por la empresa.

Para este fin es necesario elaborar un cuadro de la estructura del financiamiento, detallando la fuente de financiamiento para cada ítem del plan de inversiones.

En el cuadro 1.3 se ilustra el formato del cuadro de la estructura de financiamiento del proyecto expuesto en el ejemplo 1.1.

Cuadro 1.3. Estructura del financiamiento

PLAN DE INVERSIONES Y ESTRUCTURA DEL FINANCIAMIENTO
En dólares americanos

Concepto	Cantidad	Costo unitario	Importe total	Fuentes de financiamiento		
				Crédito	Aporte propio	Otros financiam.
INVERSIONES FIJAS						
Terreno	10.000 m²	2	20.000		20.000	
Edificaciones y construcciones	630 m²	152	96.000	40.000	56.000	
Maquinaria y equipo	Global		70.000	50.000	20.000	
Muebles y enseres	Global		10.000		10.000	
Vehículos	1	24.000	24.000		14.000	10.000
SUB TOTAL			220.000	90.000	120.000	10.000
INVERSIONES INTANGIBLES						
Gastos de organización			5.000		5.000	
Gastos de puesta en marcha			5.000		5.000	
SUB TOTAL			10.000		10.000	
CAPITAL DE TRABAJO						
Capital de operaciones			30.000	10.000	20.000	
SUB TOTAL			30.000	10.000	20.000	0
TOTAL			260.000	100.000	150.000	10.000
PORCENTAJE			100%	38,5%	57,7%	3,8%

Definido el monto del financiamiento mediante deuda se debe detallar los términos y condiciones del préstamo, es decir el plazo, período de gracia, tasa de interés, forma de pago y el tipo de amortización.

Asimismo, se debe establecer un cronograma de desembolsos del financiamiento mediante deuda, que estará en función al cronograma de inversiones, como se ilustra en el cuadro 1.4.

Cuadro 1.4. **Cronograma de desembolsos**

CRONOGRAMA DE DESEMBOLSOS

Concepto	Meses					
	1	2	3	4	5	6
Edificaciones y construcciones		10.000	10.000	10.000	10.000	
Maquinaria y equipo					50.000	
Capital de operaciones						10.000
Total desembolsos	0	**10.000**	**10.000**	**10.000**	**60.000**	**10.000**

1.5. Métodos de amortización de préstamos

Amortizar es cancelar una deuda con sus intereses mediante pagos periódicos, que pueden ser iguales o diferentes.

Los métodos de amortización mas utilizados son la amortización fija a capital y la amortización fija a capital e intereses.

Amortización fija a capital

Considera una cuota fija a capital en cada período e intereses sobre el saldo del préstamo, siendo la cuota a capital e intereses decreciente. La cuota fija a capital se obtiene dividiendo el monto del préstamo entre el plazo expresado en términos del periodo de pago.

Amortización fija a capital e intereses

Considera una cuota fija a capital e intereses en todos los períodos, siendo la amortización a capital creciente y los intereses decrecientes. Para el cálculo de la cuota se utiliza la fórmula de las anualidades vencidas.

Ejemplo 1.2. **Plan de amortización de préstamos**

Se ha contratado un préstamo por US$ 10.000 a cinco años plazo, pagos anuales a la tasa de interés del 8% anual.

Elaborar el plan de amortización del préstamo con cuota fija a capital y con cuota fija a capital e intereses.

Un plan de amortización se lo puede exponer de varias maneras. El que presentamos a continuación considera el saldo del préstamo al principio del período.

Datos:
Monto préstamo: US$ 10.000
Plazo: 5 años
Tasa de interés: 8% anual
Amortización: Anual

a) Amortización fija a capital

PLAN DE AMORTIZACIÓN
En dólares americanos

Período (Años)	Saldo préstamo	Capital	Interés	Capital e interés
1	10.000,00	2.000,00	800,00	2.800,00
2	8.000,00	2.000,00	640,00	2.640,00
3	6.000,00	2.000,00	480,00	2.480,00
4	4.000,00	2.000,00	320,00	2.320,00
5	2.000,00	2.000,00	160,00	2.160,00
		10.000,00	2.400,00	12.400,00

Para elaborar el plan de amortización primero se determina la cuota a capital, dividiendo el monto del préstamo entre el plazo del préstamo expresado en términos del periodo de pago del préstamo, según sea anual, semestral, trimestral u otro. El saldo del préstamo de cada período se calcula restando la amortización a capital del período anterior. Los intereses se calculan sobre el saldo del préstamo de cada período. La última columna es la suma de la amortización a capital y los intereses de cada periodo.

b) Amortización fija a capital e intereses

$$VP = A \; \frac{1 - (1 + i)^{-n}}{i}$$

$$10.000 = A \; \frac{1 - (1,08)^{-5}}{0,08}$$

$$A = \frac{10.000}{3,992710037}$$

$$A = 2.504,56$$

PLAN DE AMORTIZACIÓN
En dólares americanos

Período (Años)	Saldo préstamo	Capital	Interés	Capital e interés
1	10.000,00	1.704,56	800,00	2.504,56
2	8.295,44	1.840,93	663,63	2.504,56
3	6.454,51	1.988,20	516,36	2.504,56
4	4.466,30	2.147,26	357,30	2.504,56
5	2.319,04	2.319,04	185,52	2.504,56
		10.000,00	2.522,82	12.522,82

Para elaborar el plan de pagos primero se determina la cuota fija a capital e intereses utilizando la formula de anualidades vencidas, monto que se consigna en la última columna de la tabla. A continuación se calcula el interés del primer periodo y por diferencia a la cuota fija a capital e intereses se determina el monto que corresponde a capital. El monto a capital así calculado se deduce del saldo del préstamo para determinar el saldo del préstamo del siguiente periodo, en base al cual se determina el interés del período y así sucesivamente.

Ejemplo 1.3. Plan de amortización de préstamos con período de gracia

Un préstamo por US$ 10.000 ha sido pactado a un plazo de cinco años, un año de gracia, amortizaciones anuales, a la tasa de interés del 8% anual.

Elaborar el plan de amortización del préstamo con cuota fija a capital y con cuota fija a capital e intereses.

Período de gracia es el período en que no se amortiza a capital pero si se paga los intereses.

Datos:

Monto préstamo: US$ 10.000
Plazo: 5 años
Período de gracia: 1 año
Tasa de interés: 8% anual
Amortización: Anual

a) Amortización fija a capital

PLAN DE AMORTIZACIÓN
En dólares americanos

Período (Años)	Saldo préstamo	Capital	Interés	Capital e interés
1	10.000,00	0,00	800,00	800,00
2	10.000,00	2.500,00	800,00	3.300,00
3	7.500,00	2.500,00	600,00	3.100,00
4	5.000,00	2.500,00	400,00	2.900,00
5	2.500,00	2.500,00	200,00	2.700,00
		10.000,00	2.800,00	12.800,00

Para elaborar el plan de amortización primero se determina la cuota a capital, dividiendo el monto del préstamo entre el plazo del préstamo menos el período de gracia expresado en términos del período de pago, en este caso anual. El primer año la amortización a capital será cero. El saldo del préstamo se calcula restando la amortización a capital del período anterior. Los intereses se calculan sobre el saldo del préstamo de cada período. La última columna es la suma de la amortización a capital y los intereses de cada periodo.

b) Amortización fija a capital e intereses

$$VP = A \ \frac{1 - (1 + i)^{-n}}{i}$$

$$10.000 = A \ \frac{1 - (1,08)^{-4}}{0,08}$$

$$A = \frac{10.000}{3,31212684}$$

$$A = 3.019,21$$

PLAN DE AMORTIZACIÓN
En dólares americanos

Período (Años)	Saldo préstamo	Capital	Interés	Capital e interés
1	10.000,00	0,00	800,00	800,00
2	10.000,00	2.219,21	800,00	3.019,21
3	7.780,79	2.396,74	622,46	3.019,21
4	5.384,05	2.588,48	430,72	3.019,21
5	2.795,56	2.795,56	223,65	3.019,21
		10.000,00	2.876,83	12.876,83

Para elaborar el plan de pagos primero se determina la cuota fija a capital e intereses utilizando la formula de anualidades vencidas. El valor de **n** será igual al plazo del préstamo menos el período de gracia expresado en términos del periodo de pago, en este caso anual, monto que se consigna en la última columna de la tabla. A continuación se calcula el interés del primer periodo y por diferencia a la cuota fija a capital e intereses se determina el monto que corresponde a capital. En el presente caso el primer año la amortización a capital será cero. El saldo del préstamo de cada período se determina restando la amortización a capital del período anterior. Los intereses se calculan sobre el saldo del préstamo.

1.6. Fuentes del financiamiento

Un proyecto se puede financiar con recursos de los inversionistas (capital) o con recursos ajenos (pasivo).

Las fuentes de financiamiento con recursos propios en empresas constituidas como sociedad anónima son las acciones comunes y las acciones preferentes.

Las fuentes de financiamiento con recursos ajenos pueden ser préstamos bancarios, emisión de bonos o leasing financiero.

Acciones comunes

Las acciones comunes son títulos valores que representan el capital de una empresa, las cuales reciben dividendos como rendimiento del capital aportado.

Los dividendos se pagan de acuerdo a la utilidad neta obtenida en una gestión, y la decisión de que se pague o no es facultad de la junta de accionistas.

Los accionistas comunes tienen derecho a participar proporcionalmente en las utilidades de la empresa, derecho a voto para elegir a los directores, derecho a voto en cuestiones de importancia, derecho de compra de nuevas acciones emitidas y derecho a los activos después de pagarse las deudas en caso de liquidación de la empresa.

Los accionistas comunes controlan la empresa mediante la facultad que tienen de elegir a los directores, quienes a su vez eligen a los administradores.

Acciones preferentes

Las acciones preferentes se diferencias de las acciones comunes porque tienen preferencia en el pago de dividendos y en los activos de la empresa en caso de liquidación.

Los accionistas preferentes tienen el derecho de recibir un dividendo fijo antes que se paguen los dividendos a los accionistas comunes, aunque estos dividendos no son obligatorios para la empresa. Una junta directiva podría decidir no pagar dividendos a las acciones preferentes.

Los dividendos de las acciones preferentes pueden ser acumulativos o no acumulativos. Si los dividendos preferentes son acumulativos y no se paga en un año en particular, se acumularán para el pago en futuras gestiones. Los accionistas comunes no pueden recibir ningún dividendo hasta que se paguen los dividendos preferentes de la gestión y los acumulados.

Préstamos bancarios

Los préstamos bancarios son créditos concedidos por una entidad financiera a una empresa. Los préstamos bancarios a largo plazo tienen vencimientos mayores a un año y se conceden para financiar inversiones fijas. Los préstamos bancarios a corto plazo financian necesidades de capital de trabajo.

El costo de los préstamos a largo plazo generalmente es mayor que el costo de los préstamos a corto plazo.

Todo préstamo bancario se efectúa en base a un contrato de préstamo, documento legal suscrito entre el prestatario y el prestamista, en donde se estipulan los términos y condiciones del préstamo, es decir el monto del crédito, el plazo, la forma de amortización, la tasa de interés, el destino del crédito y las garantías constituidas.

En los contratos de préstamo normalmente se incluyen cláusulas de protección, que limitan ciertas acciones que el prestatario podría tomar durante la vigencia del préstamo, por ejemplo mantener una razón circulante mínima, limitar el pago de dividendos o no endeudarse por encima de una razón deuda patrimonio determinada.

La garantía de un préstamo bancario generalmente es con hipoteca de inmuebles o prendaría de maquinaria y equipo.

Emisión de bonos

Los bonos son valores de deuda que emiten las empresas para captar fondos en préstamo del público, sobre el que se pagan intereses.

La entidad emisora se compromete a devolver el capital en la fecha de vencimiento estipulada y cancelar los intereses periódicamente en forma anual o semestral.

Toda emisión de bonos tiene un contrato de préstamo, documento legal entre la empresa emisora y sus acreedores, donde se incluyen los términos de los bonos, el monto total de los bonos emitidos y especificación de la garantía constituida.

Leasing financiero

El leasing financiero es un acuerdo entre un arrendador (entidad financiera) y un arrendatario, mediante el cual se establece que el arrendatario tiene el derecho de usar un activo a cambio de hacer pagos periódicos al arrendador. El arrendatario es quien usa el activo y el arrendador es el propietario del activo.

Las principales características de este tipo de financiamiento son las siguientes:

- Los pagos requeridos según el contrato son mayores al costo inicial del activo arrendado.

- El arrendador no provee mantenimiento o servicio al activo arrendado.

- El arrendatario no puede rescindir el contrato, debe efectuar todos los pagos o enfrentar en su caso acciones legales por incumplimiento.

- La propiedad del activo se transfiere al arrendatario al término del plazo estipulado en el contrato.

Preguntas y problemas

1. Indique como se clasifican las inversiones y que partidas las componen.

2. Indique las características de las acciones comunes y las acciones preferentes.

3. Indique las principales características de los préstamos bancarios a largo plazo.

4. En que consiste en leasing financiero?

5. **Plan de amortización con cuotas fijas a capital**
   Elaborar el plan de amortización de un préstamo de US$ 30.000 a tres años plazo, pagos semestrales, a una tasa de interés del 12% anual, con cuotas fijas a capital.

6. **Plan de amortización con cuotas fijas a capital e intereses**
   Una persona solicita un préstamo por US$ 80.000, el cual se va a amortizar mediante cuotas fijas a capital e intereses anuales durante cinco años. La tasa de interés del préstamo es 11% anual. Elaborar el plan de amortización del préstamo.

7. **Plan de amortización con cuota fija a capital, con periodo de gracia**
   Elaborar el plan de amortización de un préstamo por un monto de US$ 21.000 pactado a cuatro años plazo, un año de gracia, pagos semestrales, a la tasa de interés del 11% anual, con amortización fija a capital.

8. **Plan de amortización con cuota fija a capital e intereses, con periodo de gracia**
   Elaborar el plan de amortización de un préstamo por un monto de US$ 18.000 concedido a cinco años plazo, un año de gracia, pagos semestrales, a la tasa de interés del 14% anual, con amortizaciones fijas a capital e interés.

2 Análisis del capital de trabajo

El capital de trabajo son los activos circulantes que requiere una empresa para llevar a cabo sus actividades de producción y venta.

La determinación del capital de trabajo es un aspecto básico para evaluar un proyecto. En este capítulo veremos distintos métodos para determinar el capital de trabajo de un proyecto.

2.1. El capital de trabajo

El capital de trabajo debe garantizar la adquisición de materia prima e insumos, el pago de la mano de obra directa, los gastos indirectos de fabricación y los gastos de administración y comercialización, hasta que se venda el producto y se perciba el producto de la venta, el cual debe estar disponible para el siguiente ciclo operativo.

El capital de trabajo inicial puede verse aumentado o rebajado si se proyectan cambios en los niveles de ventas.

Para determinar el capital de trabajo que necesita una empresa se necesita estudiar previamente el ciclo operativo y el ciclo del efectivo.

El ciclo operativo es el período (en días) que transcurre desde que se compra la materia prima, se procesa la producción, se almacena, se vende y se cobra al cliente.

| CICLO OPERATIVO = | Numero de dias de la materia prima en almacen | + | Numero de dias de los productos en proceso | + | Numero de dias del producto terminado en almacenes | + | Numero de dias de venta a crédito del producto |

| CICLO OPERATIVO = | Periodo materia prima | + | Periodo productos en proceso | + | Periodo productos terminados | + | Periodo de cobro |

Si se trata de una empresa comercial, al no existir producción el ciclo operativo es igual al periodo del inventario más el período de cobro.

Ciclo operativo = Período del inventario + Periodo de cobro

El ciclo de efectivo es el plazo desde que se paga los inventarios hasta que se cobra al cliente, es decir es el intervalo en el cual la empresa solo invierte fondos en la compra de inventarios, sueldos, otros gastos hasta que recupera los fondos con los pagos del cliente por la venta a crédito.

El ciclo de efectivo se calcula por diferencia entre el ciclo operativo y el período de pago a proveedores.

Ciclo de efectivo = Ciclo operativo – Periodo de pago

El ciclo operativo y el ciclo de efectivo pueden aumentar o disminuir si se modifica el período del inventario, el período de cobro o el período de pago.

La representación gráfica del ciclo operativo y ciclo operativo de una empresa industrial se indica en la figura 2.1.

Figura 2.1. **Ciclo operativo y ciclo de efectivo de una empresa industrial**

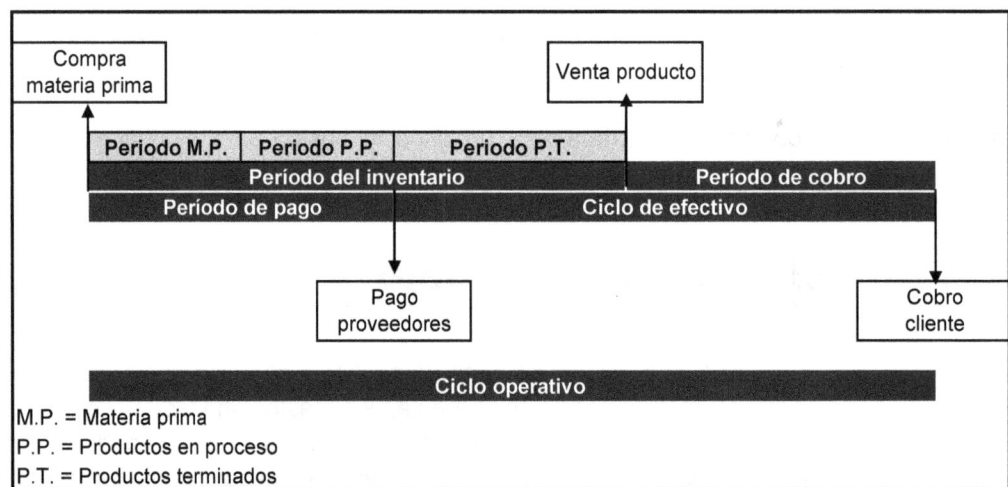

Ejemplo 2.1. **Determinación del ciclo operativo y el ciclo de efectivo**

Determinar el ciclo operativo y el ciclo de efectivo de la empresa Brink S.A. en base a la siguiente información:

Numero de días de las materias primas en almacén:	18
Numero de días que dura la producción	20
Numero de días de los productos terminados en almacén	30
Numero de días de venta a crédito	45
Plazo pago a proveedores	15

CICLO OPERATIVO = 18 + 20 + 30 + 45 = 113 días

CICLO DE EFECTIVO = 113 – 15 = 98 días

Los principales métodos para calcular el requerimiento de capital de trabajo son los siguientes:
- Método del ciclo de efectivo
- Método de razones financieras
- Método de razones financieras desagregado
- Método del déficit acumulado

2.2. Método del ciclo de efectivo

Este método consiste en determinar la cuantía de los costos de producción y gastos de operación que deben cubrir una empresa desde el momento en que se efectúa el primer pago por la adquisición de la materia prima hasta el momento en que se recauda el ingreso por la venta de los productos.

Este método establece que el capital de trabajo se determina dividiendo el costo total anual entre 365 días, obteniendo un costo diario que se multiplica por el ciclo de efectivo.

$$\text{Capital de trabajo} = \frac{\text{Costo total anual}}{365} \times \text{Ciclo de efectivo}$$

En el costo total no se debe incluir la depreciación, amortización de intangibles ni el costo financiero.

Ejemplo 2.2. Determinación del capital de trabajo

Determinar el monto del capital de trabajo por el método del ciclo de efectivo, en base a la siguiente información:

- El costo de producción y operación anual de un producto asciende a US$ 24.000 (no incluye depreciación, amortización de activos intangibles ni intereses).
- La materia prima e insumos se mantienen por un tiempo promedio de 7 días.
- El producto se produce en un periodo promedio de 10 días.
- El producto final se almacena durante 8 días.
- El producto se comercializa en un periodo de 7 días.
- El producto se vende a un plazo promedio de 30 días.
- Los proveedores de la materia prima otorgan crédito por 10 días.

Ciclo de efectivo = 7 + 10 + 8 + 7 + 30 - 10 = 52 días

$$\text{Capital de trabajo} = \frac{24.000}{365} \times 52 = 3.419,18$$

2.3. Método de razones financieras

Este método consiste en cuantificar la inversión para cada uno de los rubros del activo circulante, considerando que estos pueden financiarse por pasivos a corto plazo a través de crédito de proveedores, es decir se cuantifica el saldo mínimo de efectivo, el nivel de cuentas por cobrar, el nivel de inventarios y los niveles esperados de deudas con proveedores.

Para determinar el importe de las cuentas por cobrar, inventarios y cuentas por pagar se considera el periodo de cobro, el periodo del inventario y el periodo de pago a proveedores, utilizando las siguientes formulas:

$$\text{Cuentas por cobrar} = \frac{\text{Ventas}}{365} \times \text{Periodo de cobro}$$

$$\text{Inventarios} = \frac{\text{Costo de ventas}}{365} \times \text{Periodo del inventario}$$

$$\text{Cuentas por pagar} = \frac{\text{Costo de ventas}}{365} \times \text{Periodo de pago}$$

Estas formulas se determinan en base a los indicadores de rotación de cuentas por cobrar, rotación de inventarios y rotación de cuentas por pagar, período de cobro, período del inventario y período de pago, según se demuestra a continuación.

$$\text{Rotación de cuentas por cobrar} = \frac{\text{Ventas}}{\text{Cuentas por cobrar}} \qquad (1)$$

$$\text{Cuentas por cobrar} = \frac{\text{Ventas}}{\text{Rotación de cuentas por cobrar}} \qquad (2)$$

$$\text{Periodo de cobro} = \frac{365}{\text{Rotación de cuentas por cobrar}} \qquad (3)$$

$$\text{Cuentas por cobrar} = \frac{\text{Ventas}}{365 \,/\, \text{Periodo de cobro}} \qquad (3) \text{ en } (2)$$

$$\boxed{\text{Cuentas por cobrar} = \frac{\text{Ventas}}{365} \times \text{Periodo de cobro}}$$

$$\text{Rotación de inventarios} = \frac{\text{Costo de ventas}}{\text{Inventarios}} \qquad (1)$$

$$\text{Inventarios} = \frac{\text{Costo de ventas}}{\text{Rotación de inventarios}} \qquad (2)$$

$$\text{Periodo del inventario} = \frac{365}{\text{Rotación de inventarios}} \qquad (3)$$

$$\text{Inventarios} = \frac{\text{Costo de ventas}}{365 \,/\, \text{Periodo del inventario}} \qquad (3) \text{ en } (2)$$

$$\boxed{\text{Inventarios} = \frac{\text{Costo de ventas}}{365} \times \text{Periodo del inventario}}$$

$$\text{Rotación de cuentas por pagar} = \frac{\text{Costo de ventas}}{\text{Cuentas por pagar}} \qquad (1)$$

$$\text{Cuentas por pagar} = \frac{\text{Costo de ventas}}{\text{Rotación de cuentas por pagar}} \qquad (2)$$

$$\text{Periodo de pago} = \frac{365}{\text{Rotación de cuentas por pagar}} \qquad (3)$$

$$\text{Cuentas por pagar} = \frac{\text{Costo de ventas}}{365 \,/\, \text{Periodo de pago}} \qquad (3) \text{ en } (2)$$

$$\boxed{\text{Cuentas por pagar} = \frac{\text{Costo de ventas}}{365} \times \text{Periodo de pago}}$$

Ejemplo 2.3. Determinación del capital de trabajo

Se ha establecido los siguientes niveles de venta de un proyecto que se encuentra en estudio:

	Año 1	Año 2	Año 3
Ventas	10.000	12.000	15.000

El costo de ventas representa el 60% de las ventas.

Las ventas se realizarán a crédito a un plazo promedio de 90 días.

El periodo de pago a proveedores es de 60 días.

El periodo del inventario es de 45 días.

El requerimiento de efectivo para cubrir gastos generales y de administración es del 2% sobre ventas del periodo.

El capital de trabajo neto por el método de razones financieras sería el siguiente:

$$\text{Cuentas por cobrar} = \frac{\text{Ventas}}{365} \times 90$$

$$\text{Inventarios} = \frac{\text{Costo de ventas}}{365} \times 45$$

$$\text{Cuentas por pagar} = \frac{\text{Costo de ventas}}{365} \times 60$$

REQUERIMIENTO DE CAPITAL DE TRABAJO
En dólares americanos

	Año 1	Año 2	Año 3
Efectivo	200	240	300
Cuentas por cobrar	2.466	2.959	3.699
Inventarios	740	888	1.110
Cuentas por pagar	986	1.184	1.479
CAPITAL DE TRABAJO NETO	**2.419**	**2.903**	**3.629**

2.4.   Método de razones financieras desagregado

Este método considera que el capital de trabajo esta en función de los periodos de la materia prima, productos en proceso, productos terminados, periodo de la venta a crédito a clientes, periodo de pago a proveedores y que la inversión en cada una de estas partidas va aumentando a medida que el proceso de producción y comercialización va avanzando, como se muestra la figura 2.2.

Este método consiste en cuantificar la inversión para cada uno de los rubros del activo circulante, desglosando los inventarios en materia prima, productos en proceso y productos terminados y considerando que estos pueden financiarse por pasivos a corto plazo a través de crédito de proveedores de la materia prima y de otros gastos, es decir se cuantifica el saldo mínimo de efectivo, el nivel de cuentas por cobrar, el nivel de inventarios de materia prima, productos en proceso, productos terminados y los niveles esperados de deudas con proveedores y otros acreedores.

| Figura 2.2. | Ciclo operativo de una empresa industrial |

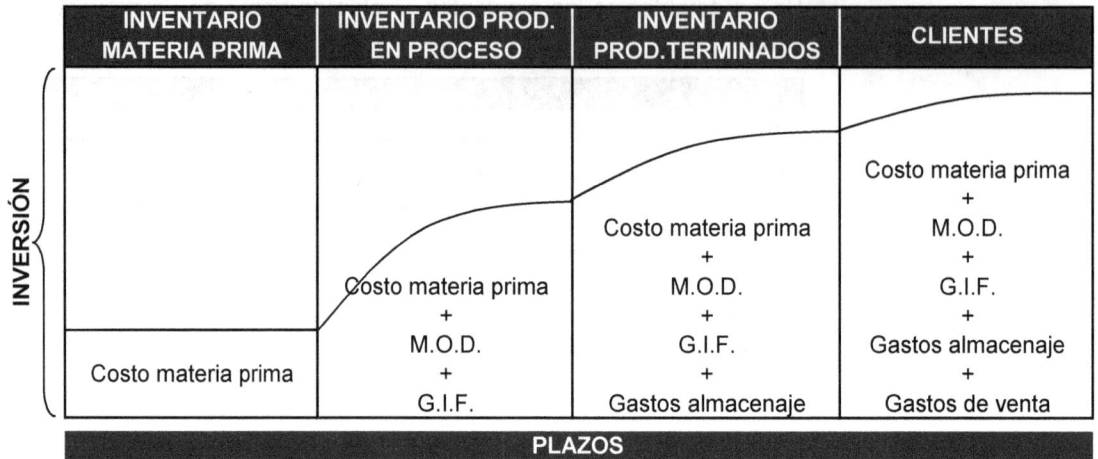

INVENTARIO MATERIA PRIMA	INVENTARIO PROD. EN PROCESO	INVENTARIO PROD.TERMINADOS	CLIENTES
			Costo materia prima + M.O.D. + G.I.F. + Gastos almacenaje + Gastos de venta
		Costo materia prima + M.O.D. + G.I.F. + Gastos almacenaje	
	Costo materia prima + M.O.D. + G.I.F.		
Costo materia prima			

INVERSIÓN

PLAZOS

MOD: Mano de obra directa
GIF: Gastos indirectos de fabricación

El monto de cada una de las partidas del activo circulante y el pasivo circulante se calcula de la siguiente manera:

PARTIDA	FORMULA

Efectivo = Costo total anual x Requerimiento mínimo de efectivo

$$\text{Inventario materia prima} = \frac{\text{Costo materia prima anual}}{365} \times \text{Periodo de la materia prima}$$

$$\text{Inventario prod. en proceso} = \frac{\text{Costo producción anual}}{365} \times \text{Periodo de productos en proceso}$$

$$\text{Inventario productos terminados} = \frac{\text{Costo producción anual}}{365} \times \text{Periodo de productos terminados}$$

$$\text{Cuentas por cobrar} = \frac{\text{Ventas}}{365} \times \text{Periodo de cobro}$$

$$\text{Cuentas por pagar materia prima} = \frac{\text{Costo materia prima anual}}{365} \times \text{Periodo de pago a proveedores}$$

$$\text{Cuentas por pagar gastos} = \frac{\text{MOD} + \text{GIF} + \text{GADM} + \text{GCOM}}{365} \times \text{Periodo de pago de gastos}$$

MOD: Mano de obra directa   GADM: Gastos de administración
GIF: Gastos indirectos de fabricación   GCOM: Gastos de comercialización

El monto de capital de trabajo será igual al efectivo más el inventario de materia prima, inventario de productos en proceso, inventario de productos terminados, cuentas por cobrar, menos las cuentas por pagar de la materia prima y cuentas por pagar de otros gastos.

Ejemplo 2.4. ## Determinación del capital de trabajo

Calcular el capital de trabajo por el método de razones financieras desagregado, en base a la siguiente información de una empresa industrial:

- El costo de producción y operación anual (sin incluir depreciación ni intereses) asciende a US$ 200.000.
- Las ventas anuales ascienden a US$ 250.000.
- Periodo de la materia prima   10 días
- Periodo productos en proceso   20 días
- Periodo productos terminados   25 días
- Periodo de cobro a clientes   90 días
- Periodo de pago a proveedores   60 días
- Periodo promedio de pago sueldos y salarios, gastos indirectos de fabricación, gastos de administración y gastos de comercialización: 30 días
- La materia prima representa el 30% del costo de producción y operación anual.
- La mano de obra directa y gastos indirectos de fabricación representan el 50% del costo de producción y operación anual.
- Los gastos de administración y comercialización representan el 20% del costo de producción y operación anual.
- El requerimiento mínimo de efectivo es del 1% del costo de producción y operación anual.

Período de la materia prima (PMP):	10	Periodo de cobro (PC):	90
Período productos en proceso (PPP):	20	Periodo de pago materia prima (PP_{MP}):	60
Período productos terminados (PPT):	25	Periodo de pago gastos (PP_G):	30

REQUERIMIENTO DE CAPITAL DE TRABAJO NETO

PARTIDA	FORMULA	CALCULO	MONTO
Efectivo = Costo total anual x Requerimiento mínimo =		200.000 x 0,01 =	2.000
Inventario materia prima = $\dfrac{\text{Costo materia prima anual}}{365}$ x PMP =	$\dfrac{200.000 \times 0,30}{365}$ x 10 =		1.644
Inventario prod. en proceso = $\dfrac{\text{Costo producción anual}}{365}$ x PPP =	$\dfrac{200.000 \times 0,80}{365}$ x 20 =		8.767
Inventario prod. terminados = $\dfrac{\text{Costo producción anual}}{365}$ x PPT =	$\dfrac{200.000 \times 0,80}{365}$ x 25 =		10.959
Cuentas por cobrar = $\dfrac{\text{Ventas}}{365}$ x PC =	$\dfrac{250.000}{365}$ x 90 =		61.644
Cuentas por pagar mat. prima = $\dfrac{\text{Costo materia prima anual}}{365}$ x PP_{MP} =	$\dfrac{200.000 \times 0,30}{365}$ x 60 =		9.863
Cuentas por pagar gastos = $\dfrac{\text{MOD + GIF + GADM + GCOM}}{365}$ x PP_G =	$\dfrac{200.000 \times 0,70}{365}$ x 30 =		11.507
CAPITAL DE TRABAJO NETO			**63.644**

2.5.   Método del déficit acumulado

Este método consiste en calcular para cada mes, bimestre o trimestre los flujos de ingreso y egresos proyectados y determinar la cuantía del capital de trabajo como el equivalente al déficit acumulado máximo.

Ejemplo 2.5. Determinación del capital de trabajo

El flujo de efectivo proyectado por el primer año de operación de un proyecto en estudio es el siguiente:

FLUJO DE EFECTIVO PROYECTADO
En dólares americanos

	1	2	3	4	5	6	7	8	9	10	11	12
Ingresos	0	400	600	800	1.000	1.200	1.500	2.000	2.000	2.000	2.000	2.000
Egresos	320	480	640	800	960	1.200	1.600	1.600	1.600	1.600	1.600	1.600
Saldo	-320	-80	-40	0	40	0	-100	400	400	400	400	400
Saldo acumulado	-320	-400	-440	-440	-400	-400	-500	-100	300	700	1.100	1.500

El máximo déficit acumulado asciende a US$ 500, por lo que éste será la inversión que deberá efectuarse en capital de trabajo para financiar las operaciones del proyecto.

Ejemplo 2.6. Determinación del capital de trabajo

Determinar el capital de trabajo por el método del déficit acumulado de una empresa a constituirse, en base a la siguiente información:

PRONÓSTICO DE VENTAS
En dólares americanos

	1º TRIM.	2º TRIM.	3º TRIM.	4º TRIM.
Ventas	20.000	40.000	60.000	60.000

- Las ventas del quinto trimestre se estima en US$ 60.000.
- El período promedio de cobranza es de 60 días.
- Las compras de mercaderías en un trimestre son iguales a 75% de las ventas pronosticadas del siguiente trimestre.
- El período de pago a proveedores es de 36 días.
- Los sueldos, impuestos y otros gastos ascienden al 30% de las ventas del período.

Para elaborar el flujo de efectivo se debe calcular con carácter previo los ingresos y egresos en efectivo, elaborando los cuadros "Ingreso de efectivo por ventas" y "Egreso por pago a proveedores".

El cuadro de ingresos de efectivo por ventas considera el saldo inicial de cuentas por cobrar, las ventas del período, las cobranzas del período y el saldo final de cuentas por cobrar. El procedimiento de cálculo es el siguiente: Se consigna en principio el monto de las ventas proyectadas por período, para que en base al plazo promedio de ventas a crédito que se proyecta se determine el importe de las ventas que se cobrará en el período. En el presente caso como el periodo promedio de cobranza es de 60 días, la tercera parte de las ventas del período (30/90) se cobrará en este período y las dos terceras partes (60/90) se cobrará en el siguiente periodo, importe que se consigna como saldo final de cuentas por cobrar, que se constituirá en saldo inicial de cuentas por cobrar en el siguiente periodo. El ingreso de efectivo de cada período se determina sumando el saldo inicial de cuentas por cobrar del periodo y las cobranzas de las ventas del período, tal como se indica en el siguiente cuadro.

INGRESO DE EFECTIVO POR VENTAS
En dólares americanos

	1° TRIM.	2° TRIM.	3° TRIM.	4° TRIM.
Saldo inicial cuentas por cobrar	0	13.333	26.667	40.000
Ventas	20.000	40.000	60.000	60.000
Cobranza ventas del período	6.667	13.333	20.000	20.000
Saldo final cuentas por cobrar	13.333	26.667	40.000	40.000
INGRESO DE EFECTIVO POR VENTAS	**6.667**	**26.667**	**46.667**	**60.000**

El cuadro de egreso por pago a proveedores es similar al cuadro de ingreso de efectivo y el procedimiento de calculo es exactamente el mismo, con la diferencia de que en lugar de ventas se debe consignar las compras del periodo, en lugar de cuentas por cobrar se debe consigna cuentas por pagar y en lugar del periodo de cobro se debe utilizar el periodo de pago. En el presente caso como el periodo de pago a proveedores es de 36 días, el 60% de las compras (54/90) se pagará en el período y el 40% (36/90) se quedará como saldo final de cuentas por pagar que se cancelará en el siguiente periodo. Los cálculos respectivos se resumen en el siguiente cuadro:

EGRESO POR PAGO A PROVEEDORES
En dólares americanos

	1° TRIM.	2° TRIM.	3° TRIM.	4° TRIM.
Saldo inicial de cuentas por pagar	0	12.000	18.000	18.000
Compras	30.000	45.000	45.000	45.000
Cancelación compras del período	18.000	27.000	27.000	27.000
Saldo final cuentas por pagar	12.000	18.000	18.000	18.000
PAGO A PROVEEDORES	**18.000**	**39.000**	**45.000**	**45.000**

El flujo de efectivo proyectado se elabora en base a los dos cuadros anteriores, incluyendo los pagos por sueldos, impuestos y otros gastos, como se indica en el cuadro que se presenta a continuación. La diferencia entre los ingresos y egresos es el saldo de efectivo del periodo. El saldo acumulado es la suma de los saldos de efectivo de cada periodo.

FLUJO DE EFECTIVO PROYECTADO
En dólares americanos

	1° TRIM.	2° TRIM.	3° TRIM.	4° TRIM.
FLUJO DE INGRESO DE EFECTIVO				
Ingreso de efectivo por ventas	6.667	26.667	46.667	60.000
INGRESOS DE EFECTIVO	**6.667**	**26.667**	**46.667**	**60.000**
FLUJO DE SALIDA DE EFECTIVO				
Pago a proveedores	18.000	39.000	45.000	45.000
Sueldos, impuestos y otros gastos	6.000	12.000	18.000	18.000
EGRESOS DE EFECTIVO	**24.000**	**51.000**	**63.000**	**63.000**
SALDO	**-17.333**	**-24.333**	**-16.333**	**-3.000**
SALDO ACUMULADO	**-17.333**	**-41.667**	**-58.000**	**-61.000**

En el presente caso vemos que el flujo de efectivo proyectado arroja saldos acumulados negativos en cada periodo. El capital de trabajo neto requerido será el monto mayor del saldo negativo acumulado, en este caso US$ 61.000.

Preguntas y problemas

1. **Determinación del capital de trabajo neto**

   Se ha establecido los siguientes niveles de venta de un proyecto que se encuentra en estudio:

Concepto	Año 1	Año 2	Año 3
Volumen de ventas (unidades)	3.000	4.000	5.000

   El precio de venta unitario es de US$ 60.

   El costo de ventas representa el 70% de las ventas.

   Las ventas se realizaran a un plazo promedio de 60 días.

   El periodo del inventario es de 35 días.

   El periodo de pago a proveedores es de 45 días.

   El requerimiento mínimo de efectivo para cubrir gastos de operación es del 1,5% sobre las ventas del periodo.

   Determinar el capital de trabajo neto por el método de razones financieras.

2. **Determinación del capital de trabajo neto**

   Calcular el capital de trabajo neto por el método de razones financieras desagregado, en base a la siguiente información:

   - Periodo de la materia prima   15 días
   - Periodo productos en proceso   30 días
   - Periodo productos terminados   20 días
   - Periodo de cobro a clientes   30 días
   - Periodo de pago a proveedores   45 días
   - Periodo promedio de pago de la mano de obra, gastos indirectos de fabricación, gastos de administración y comercialización es 30 días
   - Costo de producción y operación anual (sin incluir depreciación ni intereses): US$ 100.000.
   - Las ventas anuales ascienden a US$ 140.000.
   - La materia prima representa el 25% del costo de producción y operación anual.
   - La mano de obra directa y los gastos indirectos de fabricación representan el 40% del costo de producción y operación anual.
   - Los gastos de administración y comercialización representan el 35% del costo de producción y operación anual.
   - El requerimiento mínimo de efectivo es del 0,5% del costo de producción y operación anual.

3. **Determinación del capital de trabajo neto**

   Calcular el capital de trabajo por el método del déficit acumulado en base a la siguiente información:

   ### PRONÓSTICO DE VENTAS
   #### En dólares americanos

	1º TRIM.	2º TRIM.	3º TRIM.	4º TRIM.
Ventas	14.000	12.000	16.000	18.000

   - Las ventas del quinto trimestre se estima en US$ 20.000.
   - El período promedio de cobranza es de 45 días.
   - Las compras de mercaderías en un trimestre son iguales a 70% de las ventas pronosticadas del siguiente trimestre.
   - El período de pago a proveedores es de 30 días.
   - Los sueldos, impuestos y otros gastos ascienden al 30% de las ventas del período.

3 Criterios de evaluación de proyectos

En este capítulo expondremos los criterios que se pueden utilizar para evaluar proyectos de inversión.

En la evaluación financiera de un proyecto se trata de determinar si una inversión valdrá más, una vez que esta en operación, de lo que cuesta, es decir si se crea valor para la empresa o para el accionista.

Los criterios de evaluación de proyectos más importantes son el valor actual neto, el periodo de recuperación de la inversión, el periodo de recuperación descontado, la tasa interna de retorno y el índice de rentabilidad.

3.1. Valor actual neto (VAN)

El valor actual neto (VAN) es una medida de la cantidad de valor que se crea o añade como resultado de realizar una inversión.

El valor actual neto es un indicador de la rentabilidad de un proyecto, que señala cuanto de valor se crearía por sobre el rendimiento que se le exige al proyecto, después de recuperada la inversión.

El valor actual neto se determina por diferencia entre el valor presente de los flujos de caja futuros y el monto de la inversión, lo cual se lo expresa de la siguiente manera:

$$VAN = -\ I\ +\frac{FC_1}{(1+i)}+\frac{FC_2}{(1+i)^2}+\ \ldots\ldots\ +\frac{FC_n}{(1+i)^n}$$

Donde:

I	Inversión
FC_1	Flujo de caja en el año 1
FC_2	Flujo de caja en el año 2
FC_n	Flujo de caja en el año n
i	Rendimiento requerido

La regla del valor actual neto para la toma de decisiones es la siguiente:

> Un proyecto debe ser aceptado si su valor actual neto es positivo y debe ser rechazado si es negativo.

Ejemplo 3.1. Cálculo del valor actual neto

Se debe decidir si un nuevo producto debe ser lanzado al mercado.

Se espera que los flujos de caja a lo largo de los cinco años del proyecto sea de US$ 5.000 en los primeros tres años, US$ 7.000 en el cuarto año y US$ 10.000 el último año.

Se requerirá de una inversión de US$ 20.000 para llevar a cabo el proyecto.

El rendimiento requerido para evaluar nuevos proyectos es 12%.

```
0        1        2        3        4         5
|--------|--------|--------|--------|---------|
-20.000  5.000    5.000    5.000    7.000     10.000
```

$$VAN = -20.000 + \frac{5.000}{1,12} + \frac{5.000}{(1,12)^2} + \frac{5.000}{(1,12)^3} + \frac{7.000}{(1,12)^4} + \frac{10.000}{(1,12)^5}$$

$$VAN = 2.132$$

Este resultado indica que el proyecto permitirá recuperar la inversión inicial de US$ 20.000, obtener el rendimiento requerido del 12% y adicionalmente obtener un valor presente de US$ 2.132.

El proyecto debería llevarse a cabo porque el VAN es mayor a cero.

3.2.   Periodo de recuperación de la inversión (PRI)

El periodo de recuperación de la inversión (PRI) es el período o número de años que se requiere para que un proyecto genere flujos de caja suficientes para recuperar la inversión inicial.

El periodo de recuperación de la inversión se calcula sumando los flujos de caja proyectados hasta alcanzar el monto de la inversión inicial.

La regla del período de recuperación de la inversión para la toma de decisiones es la siguiente:

> Un proyecto es aceptable si el período de recuperación de la inversión es inferior al número de años previamente especificados.

La aplicación de la regla del PRI resulta sencilla. Se selecciona un punto de corte, por ejemplo tres años y se acepta todos los proyectos que tengan un PRI de tres años o menos. Todos aquellos que se recuperen en más de tres años son rechazados.

Ejemplo 3.2. Cálculo del PRI

Un proyecto requiere de una inversión inicial de US$ 5.000, que tiene el siguiente flujo de caja:

	Año 1	Año 2	Año 3
Flujo de caja	1.000	2.000	4.000

Determinar el periodo de recuperación de la inversión.

La inversión inicial asciende aUS$ 5.000. En los dos primeros años los flujos de caja suman un total de US$ 3.000. Necesitamos recuperar US$ 2.000 en el tercer año. El flujo de caja del tercer año es US$ 4.000, por lo que tendremos que esperar 2.000 / 4.000 = 0,50 años. Por tanto el periodo de recuperación de la inversión es 2,5 años.

Este resultado también se obtiene determinando el flujo de caja acumulado:

	Año 0	Año 1	Año 2	Año 3
Flujo de caja	-5.000	1.000	2.000	4.000
Flujo de caja acumulado	-5.000	-4.000	-2.000	

PRI = 2 + (2.000 / 4.000) = 2,5 años

El período de recuperación de la inversión tiene varias deficiencias:

- No descuenta los flujos de caja, por lo que ignora el valor del dinero en el tiempo.
- No considera el riesgo. El PRI se calcula de la misma manera tanto para proyectos riesgosos como para proyectos menos riesgosos.
- No existe un fundamento económico o una guía que nos indique cómo debemos seleccionar el período de corte.
- Los flujos de caja después del período de corte se ignoran por completo.

Debido a que esta regla es tan sencilla, las empresas la utilizan con frecuencia como un método de selección para tomar decisiones de inversiones pequeñas.

En el ejemplo 3.3 se expone un caso en el cual la aplicación del criterio del PRI es inconsistente.

Ejemplo 3.3. Inconsistencia del PRI

Se cuenta con dos proyectos con los siguientes flujos de caja:

	Año 0	Año 1	Año 2	Año 3	Año 4
Proyecto A	-10.000	4.000	4.000	4.000	4.000
Proyecto B	-10.000	4.000	7.000		

PRI_A = 2 + (2.000 / 4.000) = 2,5 años

PRI_B = 1 + (6.000 / 7.000) = 1,86 años

Con un periodo de corte de dos años, el proyecto B es aceptable, mientras que el proyecto A no lo es.

Si calculamos el valor actual neto de ambos proyectos a una tasa del 10% tendremos:

$$VAN (10\%) = -10.000 + 4.000 \frac{1 - (1,10)^{-4}}{0,10} = 2.679$$

$$VAN (10\%) = -10.000 + \frac{4.000}{1,1} + \frac{7.000}{(1,10)^2} = -578$$

El valor actual neto del proyecto B es negativo, que sería aceptado con el criterio del período de recuperación de la inversión.

3.3.   Periodo de recuperación descontado (PRD)

El período de recuperación descontado (PRD) es el tiempo o número de años que debe transcurrir para que la suma de los flujos de caja descontados sea igual a la inversión inicial.

La regla del periodo de recuperación descontado para la toma de decisiones es la siguiente:

Un proyecto será aceptable si su período de recuperación descontado es inferior al número de años previamente especificados.

Ejemplo 3.4.   Cálculo del PRD

Se tiene un proyecto con una inversión de US$ 60.000, con el siguiente flujo de caja:

	Año 1	Año 2	Año 3	Año 4	Año 5
Flujo de caja	15.000	20.000	25.000	30.000	30.000

Calcular el periodo de recuperación descontado considerando un rendimiento requerido del 8%.

	Año 0	Año 1	Año 2	Año 3	Año 4	Año 5
Flujo de caja	-60.000	15.000	20.000	25.000	30.000	30.000
Flujo de caja descontado	-60.000	13.889	17.147	19.846	22.051	20.417
Flujo de caja descontado acum.	-60.000	-46.111	-28.964	-9.119		

PRD = 3 + (9.119 / 22.051) = 3,41 años = 3 años y 5 meses

Este resultado nos indica que se recuperará la inversión más el rendimiento requerido en un periodo de 3 años y 5 meses.
Si el período de corte fuera de cinco años debería aceptarse el proyecto.

Ejemplo 3.5.   Cálculo del PRI, PRD y VAN

Un proyecto con una inversión de US$ 20.000 genera un flujo de caja de US$ 5.000 por año indefinidamente.
A una tasa de descuento del 12%, determinar el valor actual neto, el periodo de recuperación de la inversión y el periodo de recuperación descontado.

VAN = - 20.000 + (5.000 / 0,12) = 21.666,67

PRI = 4 años

Para obtener el PRD debemos encontrar el número de años que deberán transcurrir para que una anualidad de US$ 5.000 adquiera un valor presente de US$ 20.000 a una tasa del 12%.

$$VP = A \frac{1 - (1 + i)^{-n}}{i}$$

$$20.000 = 5.000 \frac{1 - (1 + 0,12)^{-n}}{0,12}$$

$$\frac{1 - (1 + 0,12)^{-n}}{0,12} = 4$$

$$1 - (1,12)^{-n} = 0,48$$

$$(1,12)^{-n} = 0,52$$

$$- n \operatorname{Ln} 1,12 = \operatorname{Ln} 0,52$$

$$- n = \operatorname{Ln} 0,52 / \operatorname{Ln} 1,12$$

$$n = 5,77 \text{ años}$$

PRD = 5,77 años

Si un proyecto se llega a recuperar en base a flujos descontados, tendrá un VAN positivo, ya que por definición, el VAN es de cero cuando la suma de los flujos de caja descontado es igual a la inversión inicial.

Si usamos la regla del PRD, no elegiremos ningún proyecto que tenga una VAN negativo.

Si necesitamos evaluar el tiempo que necesitamos para recuperar la inversión de un proyecto, el PRD es mejor que el PRI, debido a que considera el valor del dinero en el tiempo, sin embargo el PRD tiene dos inconvenientes:

- El punto de corte aun tiene que seleccionarse arbitrariamente.
- Los flujos de caja después del periodo de corte son ignorados.

3.4.　Tasa interna de retorno (TIR)

Consideremos un proyecto que requiere una inversión de US$ 100 el día de hoy y que generará un flujo de caja de US$ 110 dentro de un año. Al cabo de un año, se recuperaría la inversión de US$ 100 y se obtendría un rendimiento de US$ 10, es decir el rendimiento de esta inversión sería 10%.

Para encontrar este rendimiento podemos establecer el VAN igual a cero y despejar el valor de i.

$$VAN = -100 + \frac{110}{(1 + i)}$$

$$0 = -100 + \frac{110}{(1 + i)}$$

$$100 = \frac{110}{(1 + i)}$$

$$i = 10\%$$

Este 10% es el rendimiento de este proyecto y se lo conoce como tasa interna de retorno.

La tasa interna de retorno de un proyecto es la tasa de descuento a la cual el VAN de la inversión es igual a cero, lo cual lo podemos expresar algebraicamente de la siguiente manera:

$$0 = -I + \frac{FC_1}{(1 + TIR)} + \frac{FC_2}{(1 + TIR)^2} + \ldots\ldots\ldots + \frac{FC_n}{(1 + TIR)^n}$$

Donde:

TIR   Tasa interna de retorno
I   Inversión
FC_1 Flujo de caja en el año 1
FC_2 Flujo de caja en el año 2
FC_n Flujo de caja en el año n

La regla de la tasa interna de retorno para la toma de decisiones es la siguiente:

Un proyecto es aceptable si la tasa interna de retorno es superior al rendimiento requerido. Si es menor, debe ser rechazada.

Para hallar el valor de la TIR, se tendría que despejar este valor de la fórmula, lo que matemáticamente no se puede resolver. La TIR sólo se puede determinar mediante un procedimiento de prueba y error, mediante interpolación o utilizando una calculadora financiera.

Para hallar esta tasa mediante interpolación se necesita dos tasas de descuento, una con valor actual neto positivo y otra con valor actual neto negativo y utilizar la siguiente formula:

$$TIR = \text{Tasa menor} + \frac{VP}{VP+VN} \times \text{Diferencia de tasas}$$

Donde:

Tasa menor   Tasa de descuento del valor actual neto positivo
VP   Valor actual neto positivo
VN   Valor actual neto negativo
Diferencia de tasas Diferencia de las tasas de descuento del valor actual neto positivo y valor actual neto negativo

Ejemplo 3.6. Cálculo de la tasa interna de retorno

Se pretende realizar una inversión con el siguiente flujo de caja:

```
0                        1                        2
L_____L_____L
-20.000                  12.000                   13.000
```

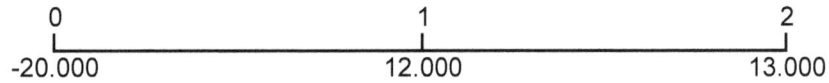

Para determinar la tasa interna de retorno de esta inversión, podemos establecer el VAN = 0 y despejar la tasa de descuento.

$$VAN = 0 = -20.000 + \frac{12.000}{(1 + TIR)} + \frac{13.000}{(1 + TIR)^2}$$

Para encontrar la tasa desconocida, podemos ensayar algunas tasas. Para una tasa del 0% el VAN sería 5.000. Resumimos esta y otras posibilidades en el siguiente cuadro.

Tasa de descuento	VAN
0%	5.000
5%	3.220
10%	1.653
15%	265
20%	-972
25%	-2.080

Se puede observar que a medida que aumenta la tasa de descuento disminuye el valor actual neto. La TIR se encuentra entre 15% y 20%. Aplicando la formula de interpolación tenemos:

$$TIR = \text{Tasa menor} + \frac{VP}{VP+VN} \times \text{Diferencia de tasas}$$

$$TIR = 15\% + \frac{265}{265 + 972} \times 5\%$$

$$TIR = 16,07\%$$

Se notará que se ha interpolado valores con cinco puntos porcentuales de diferencia. Si se quiere un valor más exacto se debe determinar valores con la menor diferencia posible, por ejemplo con 1% de diferencia. Interpolando valores con 16% y 17% obtenemos una TIR de 16,02%, que es el mismo resultado que se obtiene con una calculadora financiera o en una planilla excel.

Si nuestro rendimiento requerido fuera menos del 16,07% emprenderíamos el proyecto. Si el rendimiento requerido fuera mayor deberíamos rechazarlo.

Gráfica del valor actual neto

En la figura 3.1. se ilustra gráficamente el comportamiento del valor actual neto respecto a la tasa de descuento del ejemplo 3.6. En ésta gráfica se puede observar que a medida que aumenta la tasa de descuento, el VAN disminuye. La curva se corta con el eje X en el momento que el VAN es igual a cero, exactamente a la tasa de 16,07%, que es la tasa interna de retorno.

Figura 3.1. **Gráfica del VAN**

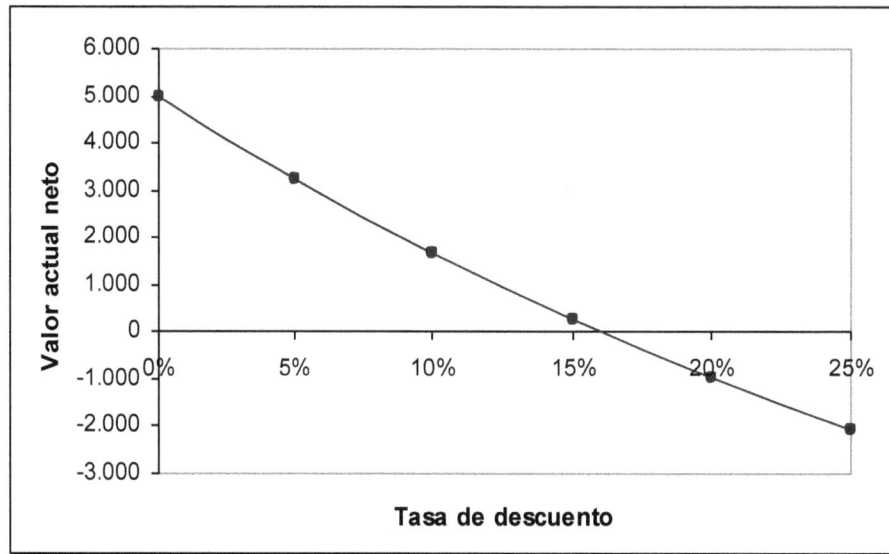

Problemas con la tasa interna de retorno

La tasa interna de retorno no es aplicable cuando los flujos de caja no son convencionales y cuando se trata de comparar proyectos mutuamente excluyentes para decidir cual de ellos es más conveniente.

Proyectos con flujos de caja no convencionales. Un flujo de caja es convencional cuando el primer flujo es negativo y todos los flujos de caja posteriores son positivos. Un flujo de caja no es convencional cuando existen flujos positivos y negativos que se intercalan.

Para analizar que pasa con la TIR con flujos de caja no convencionales consideraremos un proyecto con el siguiente flujo de caja:

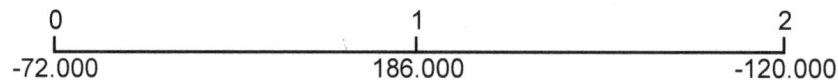

```
        0                         1                         2
        └─────────────────────────┴─────────────────────────┘
     -72.000                   186.000                   -120.000
```

Para determinar la tasa interna de retorno de este proyecto, determinaremos el VAN a distintas tasas de descuento.

Tasa de descuento	VAN
0%	-6.000
10%	-2.083
20%	-333
30%	71
40%	-367

El VAN se comporta de una manera especial. A medida que aumenta la tasa de descuento el VAN aumenta de un valor negativo a un valor positivo y luego adquiere nuevamente un valor negativo. La gráfica del VAN de este proyecto se muestra en la figura 3.2, donde se puede observar que el VAN es igual a cero cuando la tasa de descuento es 25% y 33,3%, es decir existen dos tasas internas de retorno.

Figura 3.2. **Gráfica del VAN con flujos de caja no convencionales**

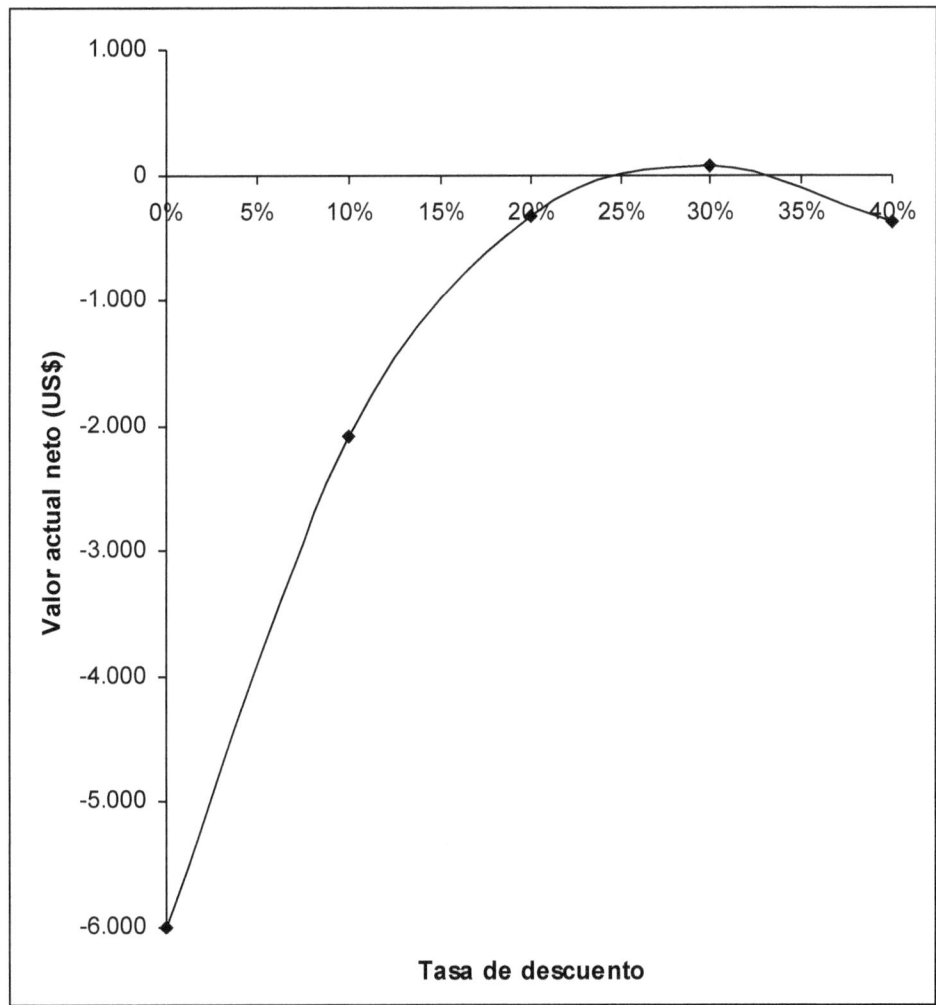

Si el rendimiento requerido fuera 10%, ¿deberíamos aceptar el proyecto? En virtud de la regla de la TIR, deberíamos aceptarla porque ambas TIR son mayores al 10%, sin embargo el VAN es negativo a cualquier tasa de descuento inferior a 25%, por lo que no es una buena inversión.

El VAN es positivo cuando el rendimiento requerido esta entre 25% y 33,3%, es decir en este intervalo el VAN es mayor a cero y por lo tanto la inversión seria conveniente.

Si el rendimiento requerido fuera mayor a 33,3% el VAN seria negativo y la inversión no sería conveniente.

Cuando los flujos de efectivo no son convencionales, la regla de la TIR no funciona, por lo que se tienen que utilizar la regla del VAN, que siempre funciona.

En estos casos es necesario saber cuantas TIR existen. La regla de los signos de Descartes afirma que el máximo número de TIR que puede haber es igual al número de veces que los flujos de caja cambian de signo de positivo a negativo y/o de negativo a positivo.

Proyectos mutuamente excluyentes. Dos proyectos son mutuamente excluyentes cuando emprender uno de ellos significa que no podemos emprender el otro. Por ejemplo, si tenemos un terreno, podemos construir un supermercado o un edificio de departamentos, pero no ambos.

Dos proyectos que no sean mutuamente excluyentes son proyectos independientes.

Para analizar que pasa con la TIR con proyectos mutuamente excluyentes consideraremos dos proyectos con los siguientes flujos de caja, donde se trata de elegir uno de ellos.

Año	Proyecto A	Proyecto B
0	-5.000	-5.000
1	2.500	1.000
2	2.000	2.000
3	2.000	3.000
4	2.000	3.000

La tasa interna de retorno del proyecto A es 26,4% y del proyecto B es 23,5%.

Como son proyectos mutuamente excluyentes, debemos elegir uno de ellos. Aplicando el criterio de la TIR, el proyecto A seria el mejor, porque tiene la TIR más alta.

Para comprender porque el proyecto A no es la mejor alternativa, calcularemos el VAN de ambos proyectos a distintas tasas de descuento.

Tasa de descuento	VAN_A	VAN_B
0%	3.500	4.000
5%	2.568	2.826
10%	1.794	1.865
15%	1.145	1.070
20%	594	405
25%	123	-155
30%	-283	-631

El proyecto B tiene un VAN mas alto a tasas de descuento bajas.

Si el rendimiento requerido fuera 10%, el proyecto B tiene el VAN mas alto y será la mejor alternativa, aun cuando el proyecto A muestre una mayor TIR.

Si el rendimiento requerido fuera 20%, el proyecto A tiene el VAN mas alto y la TIR mas alta y sería la mejor alternativa.

La gráfica del VAN de ambos proyectos se presenta en la figura 3.3.

Figura 3.3. **Gráfica del VAN de proyectos mutuamente excluyentes**

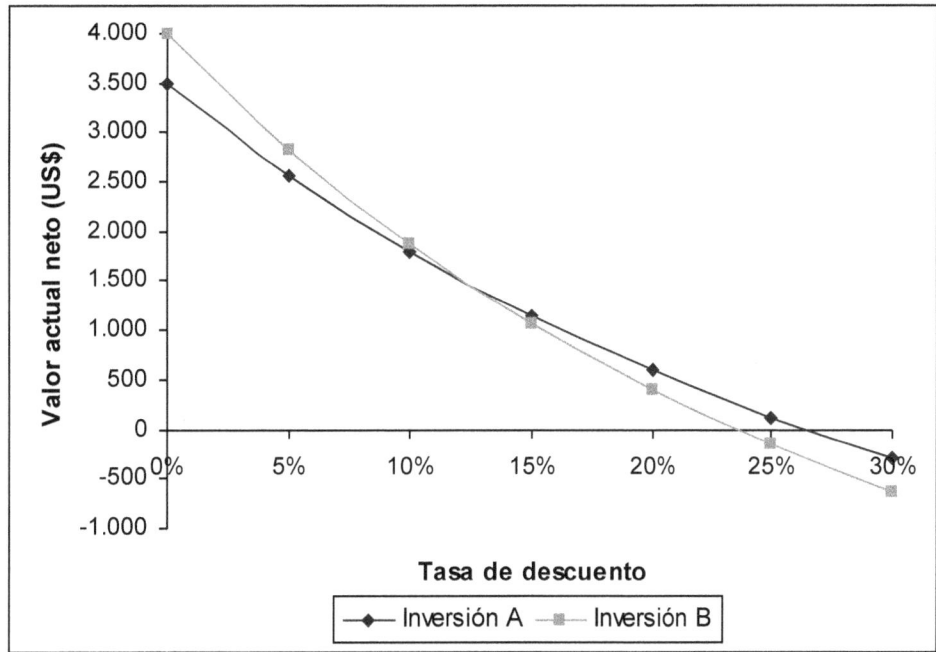

Tasa de cruce. La tasa de cruce o punto de intersección es la tasa de descuento que hace que los VAN sean iguales.

Se puede encontrar la tasa de cruce obteniendo la diferencia entre los flujos de caja y calcular la TIR de estas diferencias. No importa cual se sustraiga de cual, aunque se recomienda utilizar el flujo que tenga el primer flujo negativo.

Año	Proyecto A	Proyecto B	B - A	A - B
0	-5.000	-5.000	0	0
1	2.500	1.000	1.500	-1.500
2	2.000	2.000	0	0
3	2.000	3.000	-1.000	1.000
4	2.000	3.000	-1.000	1.000

La TIR de la diferencia de los flujos es 12,3%. A esta tasa se cruzan las curvas de los proyectos A y B.

A tasas de descuento menores a 12,3%, el VAN de B es mas alto y en consecuencia el proyecto B es mas conveniente que el proyecto A, aun cuando la TIR de A sea más alta.

A tasas de descuento mayores a 12,3%, el proyecto A tiene un VAN mas alto y también una TIR mas alta.

En estos casos necesitamos calcular el VAN para no elegir alternativas incorrectas. En definitiva estamos interesados en crear valor para los accionistas de la empresa, por lo que la opción con el VAN más alto será la mas apropiada.

Cualidades de la TIR

La tasa interna de retorno proporciona información sencilla sobre una inversión. Es mas fácil decir que un proyecto tienen una TIR del 20% que decir que un proyecto tiene una VAN de US$ 52.000 a una tasa de descuento del 10%.

Otra ventaja de la TIR es que podemos calcularla sin necesidad de saber la tasa de descuento, en cambio para calcular el VAN requerimos necesariamente conocer la tasa de descuento.

A pesar de que la TIR puede dar varios resultados al analizar inversiones con flujos de caja no convencionales o llevar a decisiones incorrectas al comparar inversiones mutuamente excluyentes, es mas popular que el VAN.

3.5.   Índice de rentabilidad (IR)

El índice de rentabilidad, denominado también relación beneficio costo, relaciona el valor presente de los flujos de caja futuros con la inversión inicial, lo cual se expresa de la siguiente manera:

$$\text{Indice de rentabilidad} = \frac{\dfrac{FC_1}{(1+i)} + \dfrac{FC_2}{(1+i)^2} + \cdots + \dfrac{FC_n}{(1+i)^n}}{\text{Inversión}}$$

Donde:

FC$_1$ Flujo de caja en el año 1

FC$_2$ Flujo de caja en el año 2

FC$_n$ Flujo de caja en el año n

i   Rendimiento requerido

La regla del índice de rentabilidad para la toma de decisiones es la siguiente:

> Un proyecto es aceptable si el índice de rentabilidad es superior a 1. Si es menor a 1 debe ser rechazado.

Si un proyecto tiene un VAN positivo, el valor presente de los flujos de efectivo deberá ser mayor que la inversión inicial, y en consecuencia el índice de rentabilidad será mayor a 1. Si el VAN es negativo, el índice de rentabilidad será menor a 1.

El índice de rentabilidad también se lo puede calcular de la siguiente manera:

$$\text{Indice de rentabilidad} = 1 + \frac{VAN}{\text{Inversión}}$$

Ejemplo 3.7.   **Cálculo del índice rentabilidad**

Un proyecto contempla una inversión inicial de US$ 20.000.

Los flujos de caja proyectados son de US$ 8.000, US$ 10.000 y US$ 15.000 durante los siguientes tres años.

Hallar el índice de rentabilidad si el rendimiento requerido es 12%.

$$\text{Indice de rentabilidad} \quad = \dfrac{\dfrac{8.000}{1,12} + \dfrac{10.000}{(1,12)^2} + \dfrac{15.000}{(1,12)^3}}{20.000} = 1,29$$

El proyecto será conveniente porque el índice de rentabilidad es mayor a 1.

Preguntas y problemas

1. **Cálculo del período de recuperación de la inversión**

   Una empresa ha fijado un período de recuperación de la inversión máximo de tres años para sus nuevos proyectos de inversión. Si se tiene los siguientes proyectos en estudio, ¿debería aceptar alguno de ellos?

	Año 0	Año 1	Año 2	Año 3	Año 4	Año 5
Flujo de caja proyecto A	-50.000	20.000	18.000	16.000	15.000	15.000
Flujo de caja proyecto B	-80.000	14.000	17.000	32.000	45.000	72.000

2. **Cálculo del periodo de recuperación y valor actual neto**

   Un proyecto tiene flujos de caja anuales de US\$ 15.000, US\$ 16.000, US\$ 17.000 y US\$ 18.000. Si la inversión inicial asciende a US\$ 40.000 y el rendimiento requerido es 12%, determinar el período de recuperación descontado y el valor actual neto.

3. **Cálculo del período de recuperación y valor actual neto**

   Se esta estudiando un proyecto con el siguiente flujo de caja:

	Año 0	Año 1	Año 2	Año 3	Año 4
Flujo de caja	-280.000	70.000	80.000	100.000	150.000

   Calcular el período de recuperación de la inversión, el período de recuperación descontado y el valor actual neto, si el rendimiento requerido es 12%.

4. **Cálculo del período de recuperación y valor actual neto**

   Un proyecto generará flujos de caja de US\$ 27.000 por año durante ocho años. Si la inversión asciende a US\$ 125.000 y el rendimiento requerido es 11%, determinar el periodo de recuperación de la inversión, el periodo de recuperación descontado y el valor actual neto.

5. **Cálculo de la tasa interna de retorno y valor actual neto**

   Una empresa evalúa sus proyectos mediante la regla de la tasa interna de retorno. Si el rendimiento requerido es 16%, debería aceptar la empresa el proyecto que tiene el siguiente flujo de caja:

	Año 0	Año 1	Año 2	Año 3	Año 4
Flujo de caja	-75.000	26.200	0	42.500	54.600

   Si la empresa utiliza el criterio del valor actual neto y el rendimiento requerido es 10%, ¿Debería aceptar el proyecto?

6. **Cálculo de la tasa interna de retorno**

   Determinar la tasa interna de retorno del proyecto que tiene el siguiente flujo de caja y grafique el VAN.

	Año 0	Año 1	Año 2	Año 3
Flujo de caja	-40.000	12.200	14.600	32.500

7. **Cálculo del índice de rentabilidad**

   Determinar el índice de rentabilidad del proyecto que tiene el siguiente flujo de caja, si el rendimiento requerido es 13%. Aceptaría o rechazaría el proyecto?

	Año 0	Año 1	Año 2	Año 3
Flujo de caja	-50.000	18.800	22.500	32.100

8. **Comparación de criterios de evaluación de proyectos**

   Se tiene los siguientes flujos de caja de dos proyectos mutuamente excluyentes:

	Año 0	Año 1	Año 2	Año 3	Año 4
Flujo de caja proyecto A	-18.000	1.000	2.500	3.000	25.000
Flujo de caja proyecto B	-18.000	12.000	5.000	4.000	3.500

   El rendimiento requerido es 17%.
   a) La empresa ha fijado un período de recuperación de la inversión con un plazo máximo de tres años para sus proyectos. ¿Debería aceptar alguno de estos proyectos?
   b) La empresa ha fijado un período de recuperación descontado con un plazo máximo de tres años para sus proyectos. ¿Debería aceptar alguno de estos proyectos?
   c) Que proyecto elegiría si aplica el criterio del valor actual neto?
   d) Que proyecto elegiría si aplica el criterio de la tasa interna de retorno?
   e) Qué proyecto elegiría si aplica el criterio del índice de rentabilidad?
   f) Determinar la tasa de cruce.
   g) En base a los resultados de los incisos anteriores, ¿que proyecto elegiría?

9. **Proyectos mutuamente excluyentes**

   Elektro S.A. esta evaluando los siguientes proyectos mutuamente excluyentes:

	Año 0	Año 1	Año 2	Año 3	Año 4
Flujo de caja proyecto A	-72.000	25.000	32.200	38.400	6.800
Flujo de caja proyecto B	-72.000	7.000	36.500	35.000	31.700

   Que proyecto elegiría utilizando el criterio del valor actual neto, si el rendimiento requerido es 17%?
   Que proyecto elegiría utilizando el criterio de la tasa interna de retorno?
   A que tasa de rendimiento sería indiferente entre los dos proyectos?
   En que rango de tasas de rendimiento elegiría el proyecto A y en que rango el proyecto B?

10. **Proyectos mutuamente excluyentes**

    Se tiene los siguientes proyectos mutuamente excluyentes:

	Año 0	Año 1	Año 2	Año 3
Flujo de caja proyecto A	-60.000	33.200	24.200	12.000
Flujo de caja proyecto B	-60.000	10.300	25.500	40.200

Elaborar graficas del VAN de ambos proyectos.

Determinar la tasa de cruce de ambos proyectos.

Si el rendimiento requerido fuera 10%, que proyecto elegiría?

11. Proyecto con flujo de caja no convencional

Neovac S.A. evalúa un proyecto con el siguiente flujo de caja:

	Año 0	Año 1	Año 2	Año 3
Flujo de caja	-220.000	152.400	164.000	-54.200

Cuantas tasas internas de retorno existen?

Si la empresa requiere de un rendimiento de 10%, debería aceptar el proyecto?

4 Análisis de ingresos y costos

En este capítulo veremos como se clasifican los costos de un proyecto, como se determina el punto de equilibrio contable, la planeación de utilidades y el punto de equilibrio financiero.

4.1. Clasificación de costos

El costo total de un producto o servicio esta conformado por todos los elementos que intervienen en el proceso productivo, los gastos de la función de administración de la empresa, los gastos de comercialización del producto o servicio y los costos financieros.

Los costos se pueden clasificar de varias maneras, los más útiles para efectos de analizar un proyecto son el sistema de costeo absorbente y el sistema de costeo directo.

Sistema de costeo absorbente

El sistema de costeo absorbente clasifica los costos en costo de producción, gastos de operación, costo financiero e impuestos, pudiendo incluir los gastos por depreciación en el costo de producción y/o los gastos de operación o exponerlo en forma separada, como se indica en el cuadro 4.1.

a) Costo de producción o costo de ventas

El costo de producción esta compuesto por la materia prima, mano de obra directa y gastos indirectos de fabricación.

Materia prima. Son insumos que en el proceso de producción se incorporan o transforman en una parte o en la totalidad del producto final. Por ejemplo la harina es la materia prima del pan, el trigo de la harina, la tela de la ropa, la madera de los muebles.

Para determinar el costo de la materia prima se debe considerar las cantidades establecidas en la ingeniería del proyecto y el costo unitario respectivo.

Mano de obra directa. La mano de obra directa es aquella que interviene directamente en el proceso de producción. Para determinar el costo de este ítem se debe considerar el número de trabajadores determinado en el capitulo de ingeniería del proyecto, el salario base, los aportes a la seguridad social, los aportes al sistema de pensiones y los beneficios sociales (aguinaldo e indemnización). En el cuadro 4.2 se ilustra el formato de una planilla de sueldos y salarios.

Cuadro 4.1. **Clasificación de costos**

Sistema de costeo absorbente

Con depreciación separada de costo de producción y / o gastos de administración

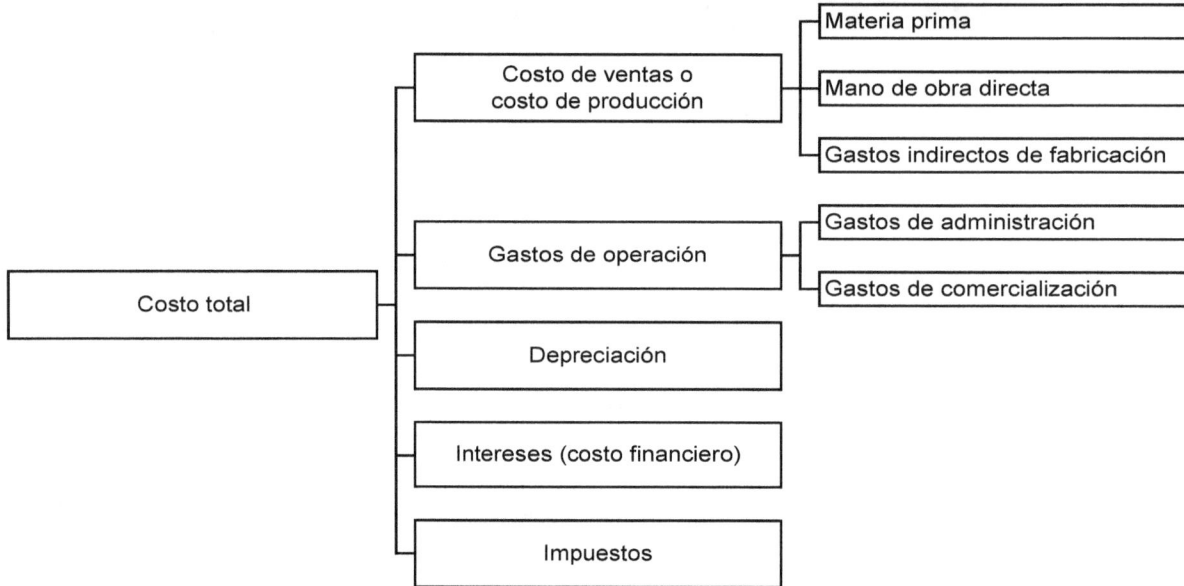

```
                                                            ┌── Materia prima
                                 ┌── Costo de ventas o ─────┼── Mano de obra directa
                                 │    costo de producción   └── Gastos indirectos de fabricación
                                 │
                                 │                           ┌── Gastos de administración
                                 ├── Gastos de operación ────┴── Gastos de comercialización
          Costo total ──────────┤
                                 ├── Depreciación
                                 │
                                 ├── Intereses (costo financiero)
                                 │
                                 └── Impuestos
```

Gastos indirectos de fabricación	**Gastos de administración**	**Gastos de comercialización**
Mano de obra indirecta	Sueldos personal administrativo	Sueldos personal area comercial
Energía electrica	Gastos generales	Comisiones
Combustible y lubricantes	Telefono, luz, agua	Publicidad
Repuestos	Seguros	Promoción
Mantenimiento	Alquileres	

Sistema de costeo absorbente

Con depreciación incluida en costo de producción y / o gastos de administración

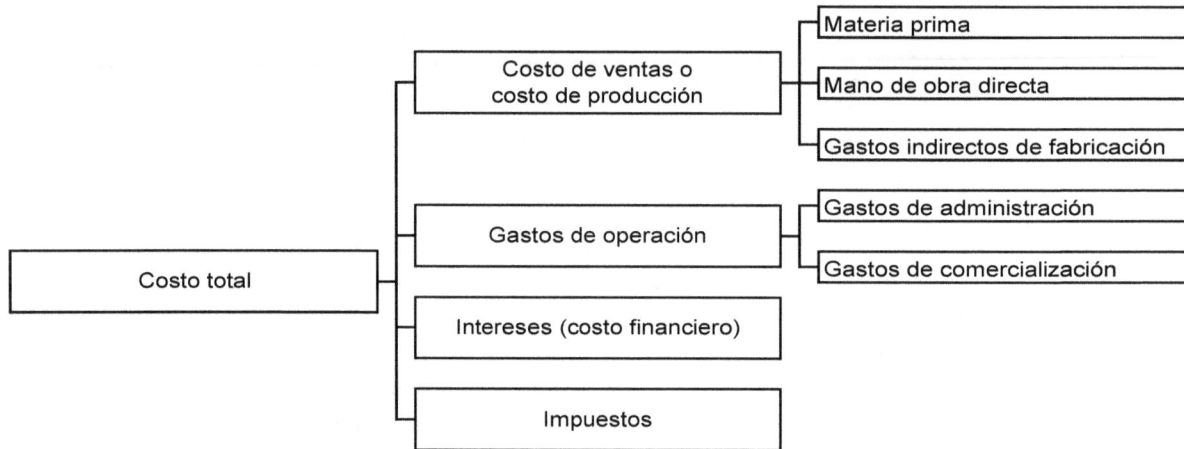

```
                                                            ┌── Materia prima
                                 ┌── Costo de ventas o ─────┼── Mano de obra directa
                                 │    costo de producción   └── Gastos indirectos de fabricación
                                 │
                                 │                           ┌── Gastos de administración
                                 ├── Gastos de operación ────┴── Gastos de comercialización
          Costo total ──────────┤
                                 ├── Intereses (costo financiero)
                                 │
                                 └── Impuestos
```

Gastos indirectos de fabricación	**Gastos de administración**	**Gastos de comercialización**
Mano de obra indirecta	Sueldos personal administrativo	Sueldos personal area comercial
Energía electrica	Gastos generales	Comisiones
Combustible y lubricantes	Telefono, luz, agua	Publicidad
Repuestos	Seguros	Promoción
Mantenimiento	Alquileres	
Depreciación activos fijos (area de producción)	Depreciación activos fijos (area de administración)	

Cuadro 4.2. Planilla de sueldos y salarios

PLANILLA DE SUELDOS Y SALARIOS MENSUAL
En dólares americanos

CARGO	HABER BÁSICO	NUMERO DE PERSONAS	TOTAL HABER BÁSICO	FONDO DE PENSIONES	FONDO PRO-VIVIENDA	SEGURO SALUD	PREVISIÓN INDEMNIZ.	PREVISIÓN AGUINALDO	TOTAL APORTE PATRONAL	COSTO TOTAL
				1,71%	2,00%	10,00%	8,33%	8,33%	30,37%	
Departamento de administración										
Gerente general	1.000	1	1.000	17	20	100	83	83	304	1.304
Secretaria	300	1	300	5	6	30	25	25	91	391
Gerente financiero	700	1	700	12	14	70	58	58	213	913
Contador	500	1	500	9	10	50	42	42	152	652
Auxiliar	350	1	350	6	7	35	29	29	106	456
SUB TOTAL										3.716
Departamento de ventas										
Gerente comercial	700	1	700	12	14	70	58	58	213	913
Vendedores	400	5	2.000	34	40	200	167	167	607	2.607
SUB TOTAL										3.520
Departamento de producción										
Gerente de producción	600	1	600	10	12	60	50	50	182	782
Supervisor	500	1	500	9	10	50	42	42	152	652
Operarios	350	15	5.250	90	105	525	437	437	1.594	6.844
SUB TOTAL										8.278
TOTAL GENERAL										15.514

Gastos indirectos de fabricación. Son costos de los recursos que participan en el proceso de producción, pero que no se incorporan físicamente al producto final. En esta partida se debe considerar los siguientes ítems:

- **Mano de obra indirecta**
  Es el costo de la mano de obra que no interviene directamente en el proceso de producción, por ejemplo el gerente o jefe de producción, supervisores, personal del departamento de calidad, personal del departamento de mantenimiento y servicios mecánicos. Para el cálculo se debe considerar el salario base, aportes a la seguridad social, aportes al sistema de pensiones y los beneficios sociales (aguinaldo e indemnización).

- **Energía eléctrica**
  En este ítem se incluye el consumo de energía eléctrica de los motores eléctricos de la maquinaria que se utiliza en el proceso de producción y el consumo en el alumbrado de las instalaciones. Para el cálculo, se toma en cuenta la potencia de cada uno de los motores de las maquinas y el tiempo que se encuentran en operación durante el día, estimados en la ingeniería del proyecto.

- **Combustibles**
  Se debe considerar los combustibles que se utilizarán en el proceso de producción, tales como gas, diesel, gasolina, cuyas cantidades se estiman en la ingeniería del proyecto.

- **Mantenimiento**
  Se debe considerar el mantenimiento de la maquinaría y equipo y si se realizará dentro de la empresa o si será un servicio externo. Si se va realizar internamente se debe considerar las inversiones en equipo, espacio físico y personal.

• **Otros costos**

Existen gastos por detergentes, refrigerantes, uniformes de trabajo, dispositivos de protección para los trabajadores y otros cuyo importe es relativamente pequeño y que se los agrupa en esta partida.

b) Gastos de operación

Los gastos de operación son todos aquellos gastos que no están relacionados con el proceso de producción y se clasifican en gastos de administración y gastos de comercialización.

Gastos de administración. Son gastos que provienen de realizar la función de administración en la empresa. Contempla los sueldos del gerente general, gerente de administración y finanzas, gerencia de investigación y desarrollo, gerencia de recursos humanos, contadores, auxiliares, secretarias, así como los gastos de oficina en general tales como teléfono, agua, seguros, alquileres, útiles de oficina, que se constituyen en costos fijos.

Gastos de comercialización. Son todos aquellos gastos en que incurre la empresa para vender y distribuir el producto o servicio. Contempla los sueldos y salarios del gerente de ventas, de los supervisores de ventas, vendedores, personal de reparto, comisiones, publicidad y promoción.

c) Depreciación

La depreciación es el costo que se imputa a una gestión por el desgaste de la inversión fija.

Para el cálculo del monto de la depreciación se debe considerar la vida útil de cada activo fijo, establecidos en las disposiciones tributarias de cada país, como se indica en el cuadro 4.3.

Cuadro 4.3. **Vida útil de activos fijos**

TABLA DE DEPRECIACIÓN

Concepto	Vida util (Años)	%
Edificaciones y construcciones	40	2,5%
Tinglados y cobertizos de metal	10	10,0%
Maquinaria en general	8	12,5%
Maquinaria para la construcción	5	20,0%
Maquinaria agrícola	4	25,0%
Equipos e instalaciones	8	12,5%
Equipos de computación	4	25,0%
Herramientas en general	4	25,0%
Vehículos automotores	5	20,0%
Aviones	5	20,0%
Barcos y lanchas en general	10	10,0%
Muebles y enseres de oficina	10	10,0%
Canales de regadios y pozos de agua	20	5,0%
Alambrados	10	10,0%
Silos, almacenes y galpones	20	5,0%

Existen dos opciones para incluir la depreciación del activo fijo en los costos. La primera es incluirla en los gastos indirectos de fabricación, gastos de administración y gastos de comercialización.

La otra opción es determinar el monto global de la depreciación de todos los activos fijos e incluirlo en una partida separada dentro los gastos de operación, que es la mas recomendable dado que es un gasto no desembolsable que se debe considerar en la elaboración del flujo de caja.

Generalmente la depreciación se calcula por el método de la línea recta, que considera que el activo fijo se deprecia en una cantidad constante cada año.

d) Intereses (Costo financiero)

Es el costo de los recursos financieros obtenidos en préstamo.

e) Impuestos

Son los impuestos y patentes a favor del estado o los municipios establecidos en la legislación tributaria de cada país, tales como el impuesto a las transacciones, impuesto a la propiedad de bienes inmuebles, impuesto a vehículos automotores y patentes municipales.

El impuesto a las utilidades de las empresas es un tributo sobre las utilidades obtenidas durante una gestión. Este impuesto se lo considera en forma separada en el estado de resultados, antes de la utilidad neta. El porcentaje de este impuesto varía en cada país y se calcula sobre la utilidad antes de impuestos.

El impuesto al valor agregado (IVA) es un impuesto indirecto que tampoco forma parte de esta partida, se lo debe considerar en el estado de resultados como una partida deducible de las ventas brutas. El porcentaje de este impuesto varía en cada país y se lo determina por diferencia entre el débito y el crédito fiscal. El débito fiscal se calcula como un porcentaje de las ventas brutas y el crédito fiscal como un porcentaje de las compras efectuadas con facturas relacionados con la actividad de la empresa.

Sistema de costeo directo

El sistema de costeo directo clasifica los costos en variables y fijos, según se detalla en el cuadro 4.4.

Costos variables. Los costos variables cambian a medida que cambia la cantidad producida o vendida y son de cero cuando la producción es de cero. Por ejemplo los costos de materia prima, mano de obra directa, comisiones por ventas son costos variables.

Costos fijos. Los costos fijos no cambian durante un determinado periodo de tiempo, es decir no dependen de la cantidad producida o vendida, tales como los gastos de administración, la depreciación y el costo financiero.

Cuadro 4.4. Clasificación de costos

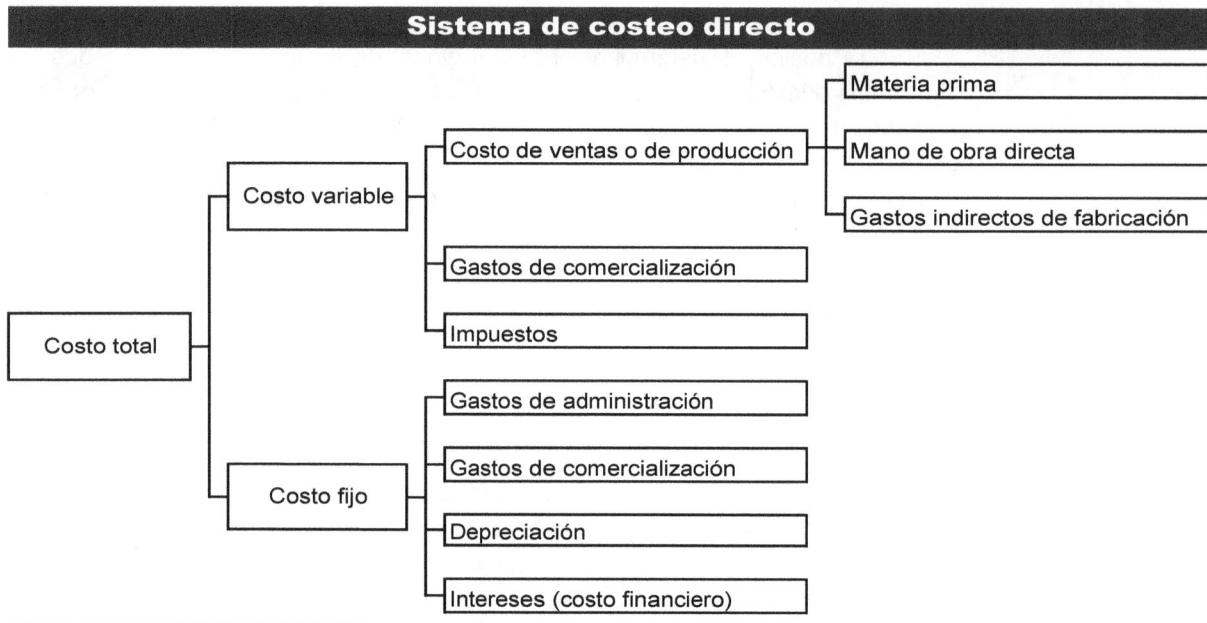

Sistema de costeo directo

```
                                    ┌─ Costo de ventas o de producción ──┬─ Materia prima
                                    │                                     ├─ Mano de obra directa
                  ┌─ Costo variable ┤                                     └─ Gastos indirectos de fabricación
                  │                 ├─ Gastos de comercialización
                  │                 └─ Impuestos
Costo total ──────┤
                  │                 ┌─ Gastos de administración
                  │                 ├─ Gastos de comercialización
                  └─ Costo fijo ────┤
                                    ├─ Depreciación
                                    └─ Intereses (costo financiero)
```

4.2.   Punto de equilibrio contable

El punto de equilibrio contable es aquel nivel de ventas de una empresa en la que los ingresos son iguales a los costos, es decir el nivel de ventas en la que la utilidad neta es igual a cero.

Para determinar el punto de equilibrio contable es necesario clasificar los costos en variables y fijos, para lo cual adoptaremos la siguiente simbología:

p   Precio de venta unitario

q   Cantidad o unidades de producción

cv   Costo variable unitario

CV   Costo variable total

CF   Costo fijo

CT   Costo total

IT   Ingreso total

El costo variable total se determina multiplicando el costo variable unitario por la cantidad, el costo total se determina sumando el costo variable total y el costo fijo y el ingreso total se determina multiplicando el precio de venta por la cantidad.

$$CV = cv \times q$$

$$CT = CF + CV$$

$$IT = p \times q$$

Para determinar la fórmula del punto de equilibrio en términos de cantidades partimos de la definición, es decir que los ingresos totales son iguales a los costos totales y despejamos la cantidad de equilibrio (q).

$$IT = CT$$

$$p \times q = CF + CV$$

$$p \times q = CF + (cv \times q)$$

$$p \times q - cv \times q = CF$$

$$q = \frac{CF}{p - cv}$$

$$\boxed{P.E. = \frac{CF}{p - cv}}$$

Esta expresión nos indica que el punto de equilibrio contable se determina dividiendo el costo fijo entre la diferencia del precio de venta y el costo variable unitario, diferencia que se denomina margen de contribución.

Para determinar la fórmula del punto de equilibrio contable en términos de unidades monetarias, se parte también de que los ingresos son iguales a los costos totales, se multiplica y se divide los costos variables totales por el ingreso total y se despeja el ingreso total de equilibrio (IT).

$$IT = CF + CV$$

$$IT = CF + \frac{CV \times IT}{IT}$$

$$IT = CF + \frac{CV \times IT}{p \times q}$$

$$IT - \frac{CV \times IT}{p \times q} = CF$$

$$IT \left(1 - \frac{CV}{p \times q}\right) = CF$$

$$IT = \frac{CF}{1 - \frac{cv \times q}{p \times q}}$$

$$IT = \frac{CF}{1 - \frac{cv}{p}}$$

$$\boxed{P.E. = \frac{CF}{1 - \frac{cv}{p}}}$$

Esta expresión nos indica que el punto de equilibrio en términos de unidades monetarias se determina dividiendo el costo fijo entre uno menos la razón del costo variable unitario respecto al precio de venta unitario, denomina razón de contribución.

Si deseamos expresar la formula anterior en términos del ingreso total y el costo total, multiplicamos el costo variable unitario y el precio de venta por la cantidad (q), obteniendo la siguiente fórmula:

$$P.E. = \dfrac{CF}{1 - \dfrac{CV}{IT}}$$

En consecuencia, existen tres formulas para el cálculo del punto de equilibrio.

Fórmula del punto de equilibrio contable en términos de unidades físicas:

$$P.E. = \dfrac{\text{Costo fijo}}{\text{Precio de venta - Costo variable unitario}}$$

Formula del punto de equilibrio contable en términos de unidades monetarias:

$$P.E. = \dfrac{\text{Costo fijo}}{1 - (\text{Costo variable unitario / Precio de venta})}$$

$$P.E. = \dfrac{\text{Costo fijo}}{1 - (\text{Costo variable total / Ingreso total})}$$

Ejemplo 4.1.   Cálculo del punto de equilibrio contable

Se dispone de la siguiente información de una empresa que fabrica un producto.

Precio de venta unitario: p = US$ 2,00
Costo variable unitario: cv = US$ 0,80
Costo fijo: CF = US$ 60.000

Determinar el punto de equilibrio en términos de unidades físicas y en términos de unidades monetarias, la ecuación del ingreso total, la ecuación del costo total y la gráfica del punto de equilibrio.

$$P.E. = \dfrac{CF}{p - cv} \qquad\qquad P.E. = \dfrac{CF}{1 - cv/p}$$

$$P.E. = \dfrac{60.000}{2 - 0,80} \qquad\qquad P.E. = \dfrac{60.000}{1 - 0,80/2}$$

$$P.E. = 50.000 \text{ unidades} \qquad\qquad P.E. = \dfrac{60.000}{0,60}$$

$$P.E. = US\$ 100.000$$

Para verificar estos valores se puede elaborar un estado de resultados donde se demuestra que la utilidad neta es cero.

ESTADO DE RESULTADOS En dólares americanos	
Ingreso por ventas (50.000 unidades x US$ 2)	100.000
(-) Costo variable (50.000 unidades x US$ 0,80)	40.000
(-) Costo fijo	60.000
Utilidad neta	0

La ecuación del ingreso total y del costo total son las siguientes:

Ecuación del ingreso total: IT = 2 q
Ecuación del costo total: CT = 60.000 + 0,80 q

GRÁFICA DEL PUNTO DE EQUILIBRIO

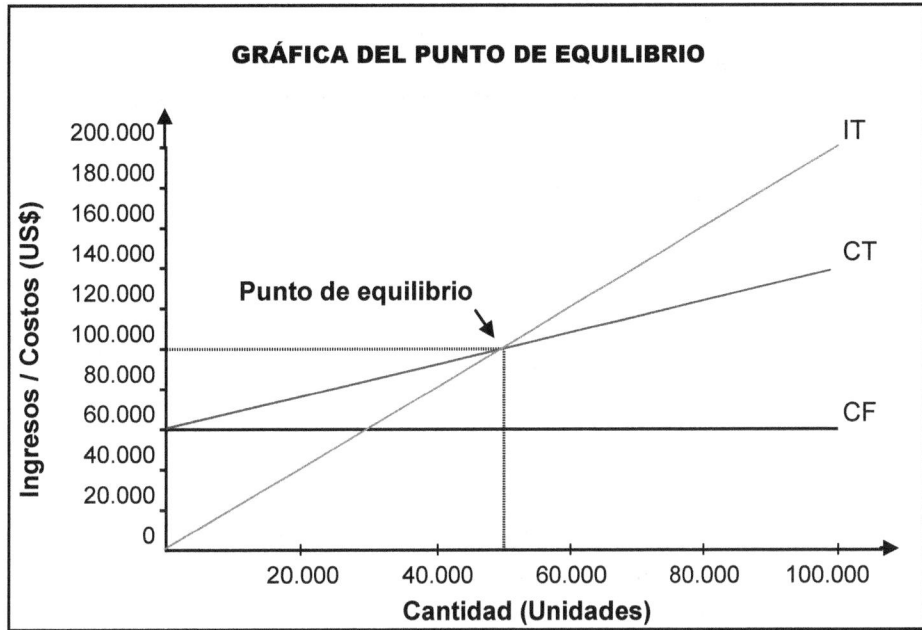

Para graficar una ecuación lineal necesitamos dos puntos. Por ejemplo para un valor de q de cero, el ingreso total es cero y el costo total US$ 60.000. Para un valor de q de 80.000, el ingreso total es US$ 160.000 y el costo total US$ 124.000. Las líneas del ingreso total y el costo total se intersectan donde la cantidad es igual a 50.000 unidades y donde el ingreso total y el costo total es igual a US$ 100.000.

En el ejemplo 4.1 se ha considerado el caso de una empresa que tiene un solo producto. Cuando se trata de determinar el punto de equilibrio de una empresa que tiene varios productos se debe utilizar la formula en términos de unidades monetarias, como se ilustra en el ejemplo 4.2.

Ejemplo 4.2. **Punto de equilibrio de varios productos**

Determinar el punto de equilibrio de una empresa que tiene cien productos, un ingreso por ventas de US$ 30.000, un costo variable total de US$ 12.000 y un costo fijo de US$ 9.000.

Ingreso bruto: IT = US$ 30.000
Costo variable total: CV = US$ 12.000
Costo fijo: CF = US$ 9.000

$$P.E. = \frac{C.F.}{1 - (CV / IT)}$$

$$P.E. = \frac{9.000}{1 - (12.000 / 30.000)}$$

P.E. = US$ 15.000

Ejemplo 4.3.   Costos totales y costos promedios

La empresa Gwire Corporation fabrica un producto que tiene un precio de venta unitario de US$ 1,50, un costo variable unitario es de US$ 0,60 y los costos fijos anuales ascienden a US$ 70.000.

Si la empresa produce actualmente 100.000 unidades al año, determinar el costo total de producción y el costo de producción promedio.

Si la empresa recibe un pedido de 20.000 unidades a un precio de US$ 0,75 la unidad, debería aceptar el pedido?

Precio de venta unitario:	p = US$ 1,50
Costo variable unitario:	cv = US$ 0,60
Costo fijo anual:	CF = US$ 70.000
Ingreso total:	IT = 100.000 x 1,50 = US$ 150.000
Costo variable total:	CV = 100.000 x 0,60 = US$ 60.000
Costo total:	CT = 60.000 + 70.000 = US$ 130.000
Costo promedio:	cp = 130.000 / 100.000 = US$ 1,30

Con el volumen de producción actual la empresa obtiene una utilidad de US$ 20.000. La empresa ha cubierto su costo fijo, de manera que toda producción por encima de este nivel tendrá un costo marginal de US$ 0,60. Todo lo que la empresa pueda obtener por encima del costo variable de US$ 0,60 incrementará la utilidad.

En el pedido especial de 20.000 unidades, el ingreso marginal de US$ 0,75 supera el costo marginal de US$ 0,60, por lo que se debería aceptar el pedido.

Esta situación se puede demostrar elaborando el estado de resultados de la situación actual y la situación con el nuevo pedido, donde se verifica que la utilidad antes de impuestos se incrementa en US$ 3.000.

ESTADO DE RESULTADOS (Actual) En dólares americanos	
Ventas (100.000 unidades x US$ 1,50)	150.000
(-) Costo variable (100.000 unidades x US$ 0,60)	60.000
(-) Costo fijo	70.000
Utilidad antes de impuestos (EBT)	20.000

ESTADO DE RESULTADOS (Con el nuevo pedido) En dólares americanos	
Ventas (100.000 x US$ 1,50 + 20.000 x US$ 0,75)	165.000
(-) Costo variable (120.000 unidades x US$ 0,60)	72.000
(-) Costo fijo	70.000
Utilidad antes de impuestos (EBT)	23.000

Ejemplo 4.4.   Determinación de punto de equilibrio

La empresa Koral S.A. fabrica un producto con un volumen de ventas de 50.000 unidades al año, el precio de venta unitario es US$ 6, el costo variable unitario es US$ 4,50, sus costos fijos anuales ascienden a US$ 54.000 y la tasa del impuesto a las utilidades es 25%.

a) Determinar la utilidad neta, el margen de utilidad neta y el punto de equilibrio en términos de unidades físicas

b) Determinar la utilidad neta, el margen de utilidad neta y el punto de equilibrio en términos de unidades físicas si se reduciría el costo variable en 20%.

c) Determinar la utilidad neta, el margen de utilidad neta y el punto de equilibrio en términos de unidades físicas si la empresa disminuiría su precio de venta en 15% para incrementar las ventas a 60.000 unidades.

d) Determinar la utilidad neta, el margen de utilidad neta y el punto de equilibrio en términos de unidades físicas si la empresa decide llevar a cabo una campaña publicitaria con el fin de incrementar el volumen de ventas a 70.000 unidades al año. El costo adicional de la publicidad asciende a US$ 6.000.

	Situación actual	Reducción costo variable en 20%	Disminución precio de venta en 15%	Incremento publicidad en US$ 6.000
Cantidad (q)	50.000	50.000	60.000	70.000
Precio de venta (p)	6,00	6,00	5,10	6,00
Costo variable unitario (cv)	4,50	3,60	4,50	4,50
Costo fijo (CF)	54.000	54.000	54.000	60.000

ESTADO DE RESULTADOS
En dólares americanos

Concepto	Situación actual	Reducción costo variable en 20%	Disminución precio de venta en 15%	Incremento publicidad en US$ 6.000
Ventas	300.000	300.000	306.000	420.000
(-) Costo variable	225.000	180.000	270.000	315.000
(-) Costo fijo	54.000	54.000	54.000	60.000
Utilidad antes de impuestos (EBT)	21.000	66.000	-18.000	45.000
(-) Impuesto a las utilidades	5.250	16.500	-4.500	11.250
Utilidad neta	15.750	49.500	-13.500	33.750
Margen de utilidad neta	5,25%	16,50%	-4,41%	8,04%
Punto de equilibrio	36.000 unid.	22.500 unid.	90.000 unid.	40.000 unid.

Ejemplo 4.5. Determinación de utilidades y punto de equilibrio

La empresa Aquarela S.A. fabrica un producto con un volumen de ventas anual de 80.000 unidades al año, cuyos costos de producción y gastos de operación son los siguientes:

	Costo fijo	Costo variable	Costo total	Costo var. unitario
Costo de producción	55.000	60.000	115.000	0,75
Gastos de administración	11.000	4.000	15.000	0,05
Gastos de comercialización	20.000	4.800	24.800	0,06
	86.000	68.800	154.800	0,86

El precio de venta unitario es US$ 2,20.

a) Determinar la utilidad neta si la tasa del impuesto a las utilidades es 25%.

b) Determinar el punto de equilibrio en unidades físicas

c) Determinar la utilidad neta si las ventas aumentan a 100.000 unidades al año.

ESTADO DE RESULTADOS En dólares americanos		Costo fijo	Costo variable
Ventas (80.000 unidades x US$ 2,20)	176.000		
(-) Costo de producción	115.000	55.000	60.000
Utilidad bruta	61.000		
(-) Gastos de administración	15.000	11.000	4.000
(-) Gastos de comercialización	24.800	20.000	4.800
Utilidad antes de impuestos (EBT)	21.200		
(-) Impuesto a las utilidades (25%)	5.300		
Utilidad neta	15.900		

$$P.E. = \frac{CF}{p - cv} = \frac{86.000}{2,20 - 0,86} = 64.179 \ \text{unidades}$$

ESTADO DE RESULTADOS En dólares americanos		Costo fijo	Costo variable
Ventas (100.000 unidades x US$ 2,20)	220.000		
(-) Costo de producción	130.000	55.000	75.000
Utilidad bruta	90.000		
(-) Gastos de administración	16.000	11.000	5.000
(-) Gastos de comercialización	26.000	20.000	6.000
Utilidad antes de impuestos (EBT)	48.000		
(-) Impuesto a las utilidades (25%)	12.000		
Utilidad neta	36.000		

Ejemplo 4.6. Determinación de utilidades y punto de equilibrio

El estado de resultados proyectado para la gestión 2012 de la empresa Moss S.A es el siguiente:

ESTADO DE RESULTADOS En dólares americanos		Costo Fijo	Costo variable total	Costo variable unitario
Ventas (120.000 unidades x US$ 2)	240.000			
(-) Costo de producción				
Materia prima	60.000		60.000	0,50
Mano de obra directa	30.000		30.000	0,25
Gastos indirectos de fabricación	106.000	70.000	36.000	0,30
Utilidad bruta	44.000			
(-) Gastos de operación				
Gastos de administración	32.000	32.000		
Gastos de comercialización	24.000		24.000	0,20
Pérdida de la gestión	-12.000	102.000	150.000	1,25

a) Determinar el número de unidades que tendría que vender la empresa para alcanzar su punto de equilibrio.

b) Una investigación de mercado revela que si la empresa disminuye su precio de venta a US$ 1,90 por unidad, podría vender 200.000 unidades del producto. Es recomendable esta disminución de precios?

Cálculo del punto de equilibrio:

$$PE = \frac{CF}{p - cv} = \frac{102.000}{2 - 1,25} = \frac{102.000}{0,75} = 136.000 \text{ Unidades}$$

Para establecer si es recomendable la disminución de precios elaboraremos un estado de resultados.

ESTADO DE RESULTADOS En dólares americanos		Costo Fijo	Costo variable total
Ventas (200.000 unidades x US$ 1,90)	380.000		
(-) Costo de producción			
Materia prima	100.000		100.000
Mano de obra directa	50.000		50.000
Gastos indirectos de fabricación	130.000	70.000	60.000
Utilidad bruta	100.000		
(-) Gastos de operación			
Gastos de administración	32.000	32.000	
Gastos de comercialización	40.000		40.000
Utilidad antes de impuestos (EBT)	28.000		
(-) Impuesto a las utilidades (25%)	7.000		
Utilidad neta	21.000	102.000	250.000

Es conveniente la reducción de precios.

4.3.   Planeación de utilidades

El punto de equilibrio es un punto de referencia importante, ya que indica el punto en que la empresa cubre en forma exacta sus costos, es decir donde no existe utilidad ni pérdida. Las empresas trataran de ubicarse por encima de este punto para obtener utilidades, que le permitan lograr una rentabilidad adecuada respecto al total del activo y el patrimonio neto.

En la planeación financiera interesará determinar el nivel de ventas que debería alcanzar una empresa para obtener cierta utilidad, que la denominaremos punto de utilidades y que la simbolizaremos con PU.

Para determinar el nivel de ventas que debería alcanzar una empresa para obtener una determinada utilidad antes de impuestos (EBT), partimos de que esta utilidad se obtiene por la diferencia del ingreso total y el costo total y despejamos la cantidad.

$$IT - CT = EBT$$

$$p \times q - CF - cv \times q = EBT$$

$$q(p - cv) = CF + EBT$$

$$q = \frac{CF + EBT}{p - cv}$$

$$\boxed{P.U. = \frac{CF + EBT}{p - cv}}$$

La formula para obtener una determinada utilidad antes de impuestos (EBT), en términos de unidades monetarias es la siguiente:

$$\boxed{P.U. = \frac{CF + EBT}{1 - \dfrac{CV}{IT}}}$$

Para determinar la fórmula del nivel de ventas para obtener cierta utilidad neta (después de impuestos) partimos que la utilidad neta es igual a la utilidad antes de impuestos menos los impuestos y sustituimos en la formula del punto de utilidades. Si simbolizando con t_x la tasa del impuesto a las utilidades, tendremos:

$$\text{Utilidad neta} = EBT - EBT \times t_x$$

$$EBT = \frac{\text{Utilidad neta}}{1 - t_x} \qquad (\,1\,)$$

$$P.U. = \frac{CF + EBT}{p - cv} \qquad (\,2\,)$$

$$\boxed{P.U. = \frac{CF + \dfrac{\text{Utilidad neta}}{1 - t_x}}{p - cv}} \qquad (\,1\,)\,en\,(\,2\,)$$

La formula para obtener una determinada utilidad neta, en términos de unidades monetarias es la siguiente:

$$\boxed{P.U. = \frac{CF + \dfrac{\text{Utilidad neta}}{1 - t_x}}{1 - \dfrac{CV}{IT}}}$$

Ejemplo 4.7. **Planeación de utilidades**

Se dispone de la siguiente información de un nuevo producto que se lanzará al mercado:

Precio de venta unitario p = US$ 2
Costo variable unitario cv = US$ 0,80
Costo fijo (sin intereses) CF = US$ 60.000

Intereses   I   = US$ 12.000

a) Determinar el nivel de ventas en unidades físicas para obtener una utilidad antes de impuestos de US$ 18.000.

b) Determinar el nivel de ventas en unidades físicas para obtener una utilidad neta de US$ 22.500, si la tasa del impuesto a las utilidades es 25%.

$$P.U. = \frac{\text{Costo fijo + Intereses + EBT}}{(p - cv)} = \frac{60.000 + 12.000 + 18.000}{2 - 0,80}$$

P.U. = 75.000 unidades

Para verificar este valor se puede elaborar un estado de resultados:

ESTADO DE RESULTADOS En dólares americanos	
Ventas (75.000 unid. x US$ 2)	150.000
(-) Costo variable (75.000 unid. x US$ 0,80)	60.000
(-) Costo fijo	60.000
Utilidad antes de intereses e impuestos (EBIT)	30.000
(-) Intereses	12.000
Utilidad antes de impuestos (EBT)	18.000

$$E.B.T. = \frac{\text{Utilidad neta}}{(1 - t_x)} = \frac{22.500}{1 - 0,25} = \quad 30.000$$

$$P.U. = \frac{\text{Costo fijo + Intereses + EBT}}{(p - cv)} = \frac{60.000 + 12.000 + 30.000}{2 - 0,80}$$

P.U. = 85.000 unidades

Para verificar este valor se puede elaborar un estado de resultados.

ESTADO DE RESULTADOS En dólares americanos	
Ventas (85.000 unid. x US$ 2)	170.000
(-) Costo variable (85.000 unid. x US$ 0,80)	68.000
(-) Costo fijo	60.000
Utilidad antes de intereses e impuestos (EBIT)	42.000
(-) Intereses	12.000
Utilidad antes de impuestos (EBT)	30.000
(-) Impuesto a las utilidades (25%)	7.500
Utilidad neta	22.500

Ejemplo 4.8. Planeación de utilidades

La empresa Reek S.A. fabrica un producto con un volumen de ventas actual de 40.000 unidades al año con un precio de venta unitario de US$ 6,50. Los costos de producción, gastos de operación y costo financiero son los siguientes:

Materia prima (Costo variable)	US$ 50.000
Mano de obra directa (Costo variable)	US$ 25.000
Gastos indirectos de fabricación (Costo variable)	US$ 36.000
Gastos indirectos de fabricación (Costo fijo)	US$ 64.000
Gastos de administración (Costo fijo)	US$ 30.000
Gastos de comercialización (Costo variable)	US$ 13.800
Gastos de comercialización (Costo fijo)	US$ 5.500
Intereses (Costo fijo)	US$ 6.500
Tasa del impuesto a las utilidades	25%

El balance general de la empresa indica que el total del activo asciende a US$ 290.000 y el patrimonio neto a US$ 202.000.

a) Elaborar el estado de resultados de la situación actual de la empresa en el formato de costeo absorbente.

b) Determinar el punto de equilibrio de la empresa en términos de unidades físicas.

c) Determinar el número de unidades que tendría que vender para obtener una utilidad antes de impuestos del 14% respecto a las ventas.

d) Determinar el número de unidades que tendría que vender para obtener un rendimiento sobre los activos (ROA) del 10%.

e) Determinar el número de unidades que tendría que vender para obtener un rendimiento sobre el capital (ROE) del 16%.

f) Calcular el precio de venta unitario que permita obtener una utilidad neta del 12% respecto a las ventas para un volumen de ventas de 40.000 unidades.

g) La empresa ha realizado un estudio de mercado, donde se determina que si se baja el precio de venta a US$ 6, las ventas se incrementarán a 50.000 unidades. Es recomendable esta disminución de precios?

ESTADO DE RESULTADOS En dólares americanos		Costo Fijo	Costo variable total	Costo variable unitario
Ventas (40.000 unidades x US$ 6,50)	260.000			
(-) Costo de ventas				
Materia prima	50.000		50.000	1,2500
Mano de obra directa	25.000		25.000	0,6250
Gastos indirectos de fabricación	100.000	64.000	36.000	0,9000
Utilidad bruta	85.000			
(-) Gastos de operación				
Gastos de administración	30.000	30.000		
Gastos de comercialización	19.300	5.500	13.800	0,3450
Utilidad antes de intereses e impuestos (EBIT)	35.700			
(-) Intereses	6.500	6.500		
Utilidad antes de impuestos (EBT)	29.200			
(-) Impuesto a las utilidades (25%)	7.300			
Utilidad neta	21.900	106.000	124.800	3,1200

Indicadores de rentabilidad	
Margen de utilidad neta	8,42%
Rendimiento sobre los activos - ROA	7,55%
Rendimiento sobre el capital - ROE	10,84%

Cálculo del punto de equilibrio en unidades físicas

p = 6,50
cv = 124.800 / 40.000 = 3,12

$$PE = \frac{CF}{p - cv} = \frac{106.000}{6,50 - 3,12} = \frac{106.000}{3,38} = 31.361 \ \text{Unidades}$$

Cálculo del número de unidades para obtener una utilidad antes de impuestos (EBT) del 14% respecto a las ventas.

$$PU = \frac{CF + EBT}{p - cv}$$

$$PU = \frac{CF + 0,14 \times 6,50 \times PU}{p - cv} = \frac{106.000 + 0,91\ PU}{6,50 - 3,12} = \frac{106.000 + 0,91\ PU}{3,38}$$

3,38 PU = 106.000 + 0,91 PU

2,47 PU = 106.000

PU = 42.915 unidades

ESTADO DE RESULTADOS En dólares americanos	
Ventas (42.915 unidades x US$ 6,50)	278.948
(-) Costos variables (42.915 unidades x US$ 3,12)	133.895
(-) Costos fijos	106.000
Utilidad antes de impuestos (EBT)	39.053
Utilidad antes de impuestos respecto a las ventas	**14,0%**

Cálculo del número de unidades para obtener un ROA del 10%

$$ROA = \frac{\text{Utilidad neta}}{\text{Activo}}$$

$$0,10 = \frac{\text{Utilidad neta}}{290.000}$$

Utilidad neta = 29.000

$$PU = \frac{CF + \dfrac{\text{Utilidad neta}}{1 - t_x}}{p - cv} = \frac{106.000 + \dfrac{29.000}{0,75}}{6,50 - 3,12} = \frac{144.666,67}{3,38} = 42.801 \ \text{unidades}$$

Cálculo del número de unidades para obtener un ROE del 16%

$$ROE = \frac{\text{Utilidad neta}}{\text{Patrimonio neto}}$$

$$0,16 = \frac{\text{Utilidad neta}}{202.000}$$

Utilidad neta = 32.320

$$PU = \frac{CF + \dfrac{\text{Utilidad neta}}{1 - t_x}}{p - cv} = \frac{106.000 + \dfrac{32.320}{0,75}}{6,50 - 3,12} = \frac{149.093,33}{3,38} = 44.110 \quad \text{unidades}$$

Cálculo del precio de venta que permita obtener una utilidad neta del 12% respecto a las ventas

$$PU = \frac{CF + \dfrac{\text{Utilidad neta}}{1 - t_x}}{p - cv}$$

$$40.000 = \frac{106.000 + \dfrac{40.000 \times p \times 0,12}{0,75}}{p - 3,12}$$

$$40.000\,p - 124.800 = 106.000 + 6.400\,p$$

$$33.600\,p = 230.800$$

$$p = 6,87$$

ESTADO DE RESULTADOS
En dólares americanos

Ventas (40.000 unidades x US$ 6,87)	274.800
(-) Costos variables (40.000 unidades x US$ 3,12)	124.800
(-) Costos fijos	106.000
Utilidad antes de impuestos (EBT)	44.000
(-) Impuesto a las utilidades (25%)	11.000
Utilidad neta	33.000
Utilidad neta respecto a las ventas	**12,0%**

Reducción del precio de venta a US$ 6 e incremento del volumen de venta a 50.000 unidades

Para establecer si es conveniente la disminución de precios se tendrá que elaborar un estado de resultados.

El estado de resultados en el formato de costeo directo y costeo absorbente se presenta a continuación.

Formato costeo directo

ESTADO DE RESULTADOS En dólares americanos	
Ventas (50.000 unidades x US$ 6,00)	300.000
(-) Costos variables (50.000 x US$ 3,12)	156.000
Margen de contribución	144.000
(-) Costos fijos	106.000
Utilidad antes de impuestos (EBT)	38.000
(-) Impuesto a las utilidades (25%)	9.500
Utilidad neta	28.500

Formato costeo absorbente

ESTADO DE RESULTADOS En dólares americanos	
Ventas (50.000 unidades x US$ 6,00)	300.000
(-) Costo de producción	
Materia prima	62.500
Mano de obra directa	31.250
Gastos indirectos de fabricación	109.000
Utilidad bruta	97.250
(-) Gastos de operación	
Gastos de administración	30.000
Gastos de comercialización	22.750
Utilidad antes de intereses e impuestos (EBIT)	44.500
(-) Intereses	6.500
Utilidad antes de impuestos (EBT)	38.000
(-) Impuesto a las utilidades (25%)	9.500
Utilidad neta	28.500

La reducción de precios sería conveniente porque permitiría incrementar la utilidad neta.

4.4. Punto de equilibrio de varios productos

Para determinar el punto de equilibrio de una empresa que tiene varios productos se utiliza la fórmula del punto de equilibrio en términos del ingreso total y el costo variable total. Una vez determinado el nivel del ingreso de equilibrio se calcula el ingreso por producto considerando la participación de cada producto en las ventas. Posteriormente se divide el ingreso de cada producto entre su precio de venta para determinar el nivel de ventas en unidades físicas de cada producto.

Ejemplo 4.9. Punto de equilibrio de varios productos

Se cuenta con la siguiente información de una empresa que fabrica tres productos, de la que se necesita determinar el punto de equilibrio por producto en términos de unidades físicas.

Producto	Cantidad		Precio de venta unitario	Costo variable unitario
Producto A	8.000	Kgr.	2,50	1,00
Producto B	15.000	Lts.	2,00	0,80
Producto C	50.000	Unid	1,00	0,50

Costo fijo total: US$ 82.500.-

En principio se debe calcular el punto de equilibrio global en términos de unidades monetarias, para lo cual se debe calcular el ingreso total y el costo variable total, luego distribuir este nivel de ventas en cada producto según su participación en las ventas. Establecidas las ventas de cada producto se divide entre el precio de venta unitario para determinar la cantidad de equilibrio por producto.

Producto	Cantidad	Precio de venta unitario	Costo variable unitario	Ingreso total	Costo variable total	Participación en ventas
Producto A	8.000	2,50	1,00	20.000	8.000	20%
Producto B	15.000	2,00	0,80	30.000	12.000	30%
Producto C	50.000	1,00	0,50	50.000	25.000	50%
				100.000	45.000	100%

$$P.E. = \frac{C.F.}{1 - CV/IT} = \frac{82.500}{1 - (45.000/100.000)} = 150.000$$

	Ingreso total	Precio de venta	Cantidad
20% Producto A	30.000	2,50	12.000
30% Producto B	45.000	2,00	22.500
50% Producto C	75.000	1,00	75.000
	150.000		

Para verificar estos valores se puede elaborar un estado de resultados.

ESTADO DE RESULTADOS
En dólares americanos

Ventas	
Producto A - 12.000 unid. x US$ 2,50 = 30.000	
Producto B - 22.500 unid. x US$ 2,00 = 45.000	
Producto C - 75.000 unid. x US$ 1,00 = 75.000	150.000
(-) Costo variable	
Producto A - 12.000 unid. x US$ 1,00 = 12.000	
Producto B - 22.500 unid. x US$ 0,80 = 18.000	
Producto C - 75.000 unid. x US$ 0,50 = 37.500	67.500
(-) Costo fijo	82.500
Utilidad neta	0

Ahora, vamos a suponer que la empresa desea determinar el nivel de ventas por producto para obtener una utilidad neta de US$ 20.000 con una mezcla de productos diferentes, el producto A con una participación en las ventas del 10%, el producto B del 20% y el producto C del 70%.

Primero se debe calcular nuevos niveles de venta por producto según su participación en las ventas totales, posteriormente dividir estos valores por los precios unitarios para determinar nuevas cantidades, en base a los cuales se determinan los nuevos costos variables totales por producto y el costo variable total. Con estos valores se calcula el punto de utilidades en términos de unidades monetarias, que luego se distribuye por producto según la participación en ventas requerida, se divide entre el precio de venta de cada producto y se obtiene la cantidad por producto.

Producto	Cantidad	Precio de venta unitario	Costo variable unitario	Ingreso total	Costo variable total	Participación en ventas
Producto A	4.000	2,50	1,00	10.000	4.000	10%
Producto B	10.000	2,00	0,80	20.000	8.000	20%
Producto C	70.000	1,00	0,50	70.000	35.000	70%
				100.000	47.000	100%

$$EBT = \frac{\text{Utilidad neta}}{1 - t_x}$$

$$EBT = \frac{20.000}{1 - 0,25}$$

$$EBT = 26.667$$

$$P.U. = \frac{CF + EBT}{1 - CV/IT} = \frac{82.500 + 26.667}{1 - (47.000/100.000)} = 205.975$$

	Ingreso total	Precio de venta	Cantidad
10% Producto A	20.598	2,50	8.239
20% Producto B	41.195	2,00	20.598
70% Producto C	144.183	1,00	144.183
	205.975		

Para verificar estos valores se puede elaborar un estado de resultados.

ESTADO DE RESULTADOS
En dólares americanos

Ventas
    Producto A -   8.239 unid. x US$ 2,50 = 20.598
    Producto B - 20.598 unid. x US$ 2,00 = 41.195
    Producto C - 144.183 unid. x US$ 1,00 = 144.183   205.975
(-) Costo variable
    Producto A -   8.239 unid. x US$ 1,00 = 8.239
    Producto B - 20.598 unid. x US$ 0,80 = 16.478
    Producto C - 144.183 unid. x US$ 0,50 = 72.091   96.808
(-) Costo fijo   82.500
EBT   26.667
(-) Impuestos (25%)   6.667
Utilidad neta   20.000

4.5.   Punto de equilibrio financiero

El punto de equilibrio financiero es aquel nivel de ventas en el que el valor actual neto es igual a cero.

Para calcular el punto de equilibrio financiero se necesita calcular con carácter previo el flujo de caja de operación que de un valor actual neto de cero, considerando que el flujo de caja será constante durante el período de análisis.

La formula del punto de equilibrio financiero sin impuestos para un solo producto, expresado en términos de unidades físicas, es la siguiente:

$$PEF = \frac{CF + FCO - DEP}{p - cv}$$

Donde:
CF   Costo fijo (incluye depreciación)
FCO   Flujo de caja de operación
DEP   Depreciación
p   Precio de venta unitario
cv   Costo variable unitario

La fórmula del punto de equilibrio financiero para varios productos, expresado en unidades monetarias, es la siguiente:

$$PEF = \frac{CF + FCO - DEP}{1 - (CV / IT)}$$

Donde:
IT   Ingreso total
CV   Costo variable total

La formula del punto de equilibrio financiero con impuestos para un solo producto en términos de unidades físicas es la siguiente:

$$PEF = \frac{CF + \dfrac{FCO - DEP}{1 - t_x}}{p - cv}$$

Donde:
t_x Tasa impositiva

La formula del punto de equilibrio financiero con impuestos para varios productos en términos de unidades monetarias es la siguiente:

$$PEF = \frac{CF + \dfrac{FCO - DEP}{1 - t_x}}{1 - (CV / IT)}$$

Ejemplo 4.10. Cálculo del punto de equilibrio financiero

Se tiene la siguiente información de una empresa industrial que fabrica un producto que vende por peso (en kilogramos).

Inversión fija:	US$ 40.000
Vida útil inversión fija:	5 años
Depreciación:	US$ 8.000
Precio de venta:	US$ 4,00

Costo variable unitario: US$ 2,50
Costo fijo (incluye depreciación)   US$ 13.000
Rendimiento requerido: 12%

Determinar el punto de equilibrio financiero sin impuestos y con impuestos, considerando que la tasa del impuesto a las utilidades es 25%.

a) Punto de equilibrio financiero sin impuestos

Para determinar el flujo de caja de operación constante durante cinco años, utilizamos la formula del valor presente de una anualidad vencida, donde el valor presente es la inversión de US$ 40.000, el rendimiento requerido es 12% y el periodo es cinco años.

$$40.000 = FCO \times \frac{1 - (1,12)^{-5}}{0,12}$$

$$FCO = \frac{40.000}{3,6047762}$$

$$FCO = 11.096,4$$

El punto de equilibrio financiero sin impuestos será:

$$PEF = \frac{CF + FCO - DEP}{p - cv}$$

$$PEF = \frac{13.000 + 11.096,4 - 8.000}{4,00 - 2,50}$$

$$PEF = 10.730,93$$

La empresa tendría que vender 10.730,93 kilogramos para alcanzar su punto de equilibrio financiero, es decir para tener una VAN igual a cero.

Para verificar este cantidad podemos elaborar un estado de resultados y determinar el flujo de caja de operación.

ESTADO DE RESULTADOS En dólares americanos	
Ventas (10.730,93 Kgr x 4,00)	42.923,7
(-) Costo variable (10.730,93 Kgr x 2,50)	26.827,3
(-) Costo fijo	13.000,0
E.B.I.T.	3.096,4

FLUJO DE CAJA DE OPERACIÓN En dólares americanos	
E.B.I.T.	3.096,4
(+) Depreciación	8.000,0
FCO	11.096,4

b) Punto de equilibrio financiero con impuestos

$$PEF = \dfrac{C.F. \quad + \quad \dfrac{FCO - DEP}{1 - t_x}}{p - cv}$$

$$PEF = \dfrac{13.000 \quad + \quad \dfrac{11.096,4 - 8.000}{1 - 0,25}}{4,00 - 2,5}$$

$$PEF = \dfrac{13.000 + 4.128,53}{1,5}$$

$$PEF = 11.419$$

La empresa tendría que vender 11.419 kilogramos para alcanzar su punto de equilibrio financiero, es decir para tener una VAN igual a cero.

Para verificar esta cantidad podemos elaborar un estado de resultados y determinar el flujo de caja de operación.

ESTADO DE RESULTADOS En dólares americanos	
Ventas (11.419 Kgr x 4,00)	45.676,0
(-) Costo variable (11.419 Kgr x US$ 2,50)	28.547,5
(-) Costo fijo	13.000,0
E.B.I.T.	4.128,5
(-) Impuestos 25%	1.032,1
Utilidad neta	3.096,4

FLUJO DE CAJA DE OPERACIÓN En dólares americanos	
E.B.I.T.	4.128,5
(+) Depreciación	8.000,0
(-) Impuestos	1.032,1
FCO	11.096,4

Si calculamos el valor actual neto, tendremos:

$$VAN = - \ Inversión \ + \ FCO \ \dfrac{1 - (1 + i)^{-n}}{i}$$

$$VAN = - \ 40.000 \ + \ 11.096,4 \ \dfrac{1 - (1,12)^{-5}}{0,12}$$

$$VAN = 0$$

Preguntas y problemas

1. **Cálculo de punto de equilibrio contable**

   Los costos fijos de la empresa Ralton Corp. asciende a US$ 80.000, el precio de venta unitario es US$ 5 y los costos variables US$ 2,50 por unidad. La empresa pretende comprar una nueva maquina que tendrá un costo de US$ 320.000, la cual tiene una vida útil de ocho años. La automatización de proceso de producción reducirá los costos variables por unidad en US$ 0,50. Determinar el punto de equilibrio contable en unidades físicas.

2. **Cálculo de punto de equilibrio contable y planeación de utilidades**

   Un proyecto producirá un artículo que se pretende vender a US$ 8 la unidad, su costo variable unitario es US$ 6 y los costos fijos ascienden a US$ 15.000. La tasa del impuesto a las utilidades es 25%.
   a) Determinar el punto de equilibrio contable en unidades físicas.
   b) Determinar el nivel de ventas en unidades físicas para obtener una utilidad neta de US$ 18.000.

3. **Determinación de utilidades y punto de equilibrio contable**

   Hilantex S.A. fabrica un producto con un volumen de ventas de 1.200 unidades al año y un precio de venta de US$ 150. Los costos de producción, gastos de operación y costo financiero son los siguientes:

Costo de producción (Costo variable)	US$ 72.000
Costo de producción (Costo fijo)	US$ 20.000
Gastos de administración (Costo fijo)	US$ 25.000
Gastos de comercialización (Costo fijo)	US$ 15.000
Intereses (Costo fijo)	US$ 4.800

   a) Determinar la utilidad neta y el punto de equilibrio contable en términos de unidades físicas.
   b) Si debido al aumento del 15% en los costos fijos de producción, la gerencia decide subir el precio del producto a US$ 160, cual sería la utilidad neta y el nuevo punto de equilibrio contable?
   c) Si los gastos de administración se reducen en US$ 10.000 y el precio disminuye a US$ 145 cual sería la utilidad neta y el nuevo punto de equilibrio contable?

4. **Planeación de utilidades**

   Un proyecto tiene una capacidad instalada de 6.000 unidades al año, el precio de venta unitario es US$ 170, el costo variable unitario US$ 138 y los costos fijos anuales ascienden a US$ 120.000.
   a) Determinar a que porcentaje de su capacidad instalada alcanza su punto de equilibrio.
   b) Si la tasa del impuesto a las utilidades es 25%, determinar el número de unidades que tendría que vender para obtener una utilidad neta de US$ 24.000. Elaborar el estado de resultados respectivo.
   c) Si los costos variables se incrementan en 12% y el precio de venta aumenta en 10%, cual sería el nuevo punto de equilibrio contable?

5. **Planeación de utilidades**

   La empresa Amazonas S.A. pretende introducir un producto al mercado, el cual tiene un precio de venta unitario de US$ 115, un costo variable unitario de US$ 45 y un costo fijo anual de US$ 350.000.
   a) Determinar la cantidad que debe vender para alcanzar su punto de equilibrio.
   b) Si la empresa desea obtener una utilidad antes de impuestos del 20% respecto a las ventas, determinar que cantidad del producto debe vender.
   c) Si la empresa desea obtener una utilidad neta del 18% respecto a las ventas, determinar la cantidad del producto que debe vender, si la tasa del impuesto a las utilidades es 25%.
   d) Si se encuentra un mercado con una demanda insatisfecha de 5.000 unidades a un precio de venta US$ 122 y otro mercado con una demanda de 6.000 unidades a un precio de US$ 108, que mercado debería elegir?

6. **Planeación de utilidades**

La empresa Gross S.A. ha estimado los siguientes costos de un producto que lanzará al mercado, sobre un volumen de ventas de 50.000 unidades:

Concepto	Costo variable	Costo fijo
Materia prima	180.000	
Mano de obra directa	115.000	
Gastos indirectos de fabricación	55.000	125.000
Gastos de administración		80.000
Gastos de comercialización	100.000	70.000

a) Determinar el número de unidades que debe vender para alcanzar su punto de equilibrio, si el precio de venta unitario es US$ 16.

b) Calcular el precio de venta unitario que permitiría obtener una utilidad neta de 15% respecto a las ventas, si la tasa del impuesto a las utilidades es 25%.

7. **Cálculo del punto de equilibrio contable y planeación de utilidades**

El estado de resultados de un proyecto es el siguiente:

ESTADO DE RESULTADOS En dólares americanos	
Ventas (30.000 unidades a US$ 22)	660.000
(-) Costo variable (30.000 unidades a US$ 8)	240.000
(-) Costo fijo	135.000
(-) Depreciación	120.000
Utilidada antes de intereses e impuestos	165.000
(-) Intereses	125.500
Utilidad antes de impuestos	39.500
(-) Impuesto a las utilidades (25%)	9.875
Utilidad neta	29.625

a) Determinar el punto de equilibrio contable en unidades físicas.

b) Determinar el nivel de ventas en unidades físicas para obtener una utilidad neta de US$ 50.000.

8. **Cálculo del punto de equilibrio contable y planeación de utilidades**

Un proyecto requiere de una inversión fija de US$ 465.000, el cual tiene una vida útil de tres años. Se proyecta ventas de 110.000 unidades por año, un precio unitario de US$ 24, un costo variable unitario de US$ 18 y costos fijos (sin incluir depreciación) de US$ 280.000 por año. La tasa impositiva es 25%.

a) Determinar el punto de equilibrio contable en unidades monetarias.

b) Determinar el nivel de ventas en unidades físicas para obtener una utilidad neta de US$ 100.000.

9. **Punto de equilibrio de varios productos**

Se cuenta con la siguiente información de un proyecto en estudio.

Producto	Cantidad	Precio de venta unitario	Costo variable unitario
Producto A	50.000 Kgr	3,00	2,00
Producto B	25.000 Litros	3,60	2,80
Producto C	20.000 Litros	4,20	3,60

Costo fijo total: US$ 60.000

Determinar el punto de equilibrio contable en unidades físicas por producto.

5 Flujos de caja

En este capítulo veremos como se elabora los flujos de caja, término con el que nos referimos a los ingresos y egresos de efectivo de un proyecto durante un determinado periodo de tiempo.

Expondremos los distintos flujos de caja que existen, sus componentes y sus aplicaciones prácticas.

5.1.   Flujo de caja de operación (FCO)

El flujo de caja de operación es el efectivo generado por la actividad principal de un proyecto.

Para determinar el flujo de caja de operación de los ingresos les restamos los costos, pero no incluimos la depreciación porque no es flujo de salida de efectivo y tampoco los intereses porque no son un gasto operativo, pero si tomamos en cuenta los impuestos ya que estos se pagan en efectivo.

El flujo de caja de operación se obtiene a partir del estado de resultados, cuya estructura es la siguiente:

ESTADO DE RESULTADOS
Ventas
(-) Costo de ventas
Utilidad bruta
(-) Gastos de operación
(-) Depreciación
Utilidad antes de intereses e impuestos (EBIT)
(-) Intereses
Utilidad antes de impuestos (EBT)
(-) Impuestos
Utilidad neta

El flujo de caja de operación se determina a partir de la utilidad antes de intereses e impuestos (EBIT), sumando la depreciación y restando los impuestos.

EBIT
(+) Depreciación
(-) Impuestos
Flujo de caja de operación (FCO)

Existen dos formas alternativas de calcular el flujo de caja de operación, que se los denomina enfoque ascendente y enfoque descendente.

Enfoque ascendente
Utilidad neta
(+) Depreciación
(+) Intereses
Flujo de caja de operación (FCO)

Enfoque descendente
Ventas
(-) Costo de ventas y gastos de operación
(-) Impuestos
Flujo de caja de operación (FCO)

5.2.   Gastos netos de capital (Inversiones fijas netas)

Los gastos netos de capital o inversiones fijas netas son el dinero invertido en activos fijos menos el dinero recibido por la venta de activos fijos, el cual se determina por la diferencia entre el activo fijo neto final y el activo fijo neto inicial sumando la depreciación.

Activo fijo neto final
(-) Activo fijo neto inicial
(+) Depreciación
Gastos netos de capital

5.3.   Variaciones en el capital de trabajo neto

Un proyecto además de invertir en activos fijos debe también invertir en activos circulantes.

La diferencia entre los activos circulantes de la empresa y sus pasivos circulantes recibe el nombre de capital de trabajo neto, el cual lo simbolizaremos por CTN. El capital de trabajo neto es positivo cuando los activos circulantes exceden a los pasivos circulantes, esto significa que el efectivo que estará disponible a lo largo de los doce meses siguientes excede al efectivo que tendrá que pagarse a lo largo del mismo período.

La variación en el CTN se determina por la diferencia entre las cifras del capital de trabajo neto final y el capital de trabajo neto inicial.

Capital de trabajo neto final
(-) Capital de trabajo neto inicial
Variaciones en el CTN

5.4.   Flujo de caja libre y flujo de caja del accionista

El flujo de caja libre representa el efectivo que la empresa podrá distribuir entre acreedores y accionistas, ya que no lo necesitará para las inversiones en activos fijos o capital de trabajo neto.

El flujo de caja libre se calcula sin considerar el financiamiento de acreedores, es decir como si la empresa no tuviera ninguna deuda y en consecuencia sin costo financiero.

El flujo de caja libre es igual al flujo de caja de operación menos los gastos netos de capital y menos las variaciones en el capital de trabajo neto.

Utilidad antes de intereses e impuestos (E.B.I.T.)
(+) Depreciación
(-) Impuestos (sobre E.B.I.T.)
(-) Gastos netos de capital (Inversiones fijas)
(-) Variaciones en el CTN
Flujo de caja libre (FCL)

El flujo de caja del accionista es el efectivo que la empresa podrá repartir entre los accionistas después de hacer el pago de todos los gastos generados por el proyecto, además del pago de la deuda tanto a capital como a intereses, es decir considerando el financiamiento de los acreedores.

El flujo de caja del accionista puede determinarse de tres maneras diferentes, partiendo ya sea de la utilidad antes de intereses e impuestos, la utilidad neta o las ventas.

Utilidad antes de intereses e impuestos (E.B.I.T.)
(+) Depreciación
(-) Impuestos (sobre E.B.T.)
(-) Gastos netos de capital (Inversiones fijas)
(-) Variaciones CTN
(+) Préstamo
(-) Amortización préstamo
(-) Intereses
Flujo de caja del accionista (FCA)

Utilidad neta
(+) Depreciación
(-) Gastos netos de capital (Inversiones fijas)
(-) Variaciones en el CTN
(+) Préstamo
(-) Amortización préstamo
Flujo de caja del accionista (FCA)

Ventas
(-) Costo de ventas
(-) Gastos de operación
(-) Impuestos (sobre E.B.T.)
(-) Gastos netos de capital (Inversiones fijas)
(-) Variaciones en el CTN
(+) Prestamo
(-) Amortización préstamo
(-) Intereses
Flujo de caja del accionista (FCA)

Ejemplo 5.1. **Determinación del flujo de caja libre y flujo de caja del accionista**

La empresa Strive S.A. esta estudiando la factibilidad de una nueva línea de productos, cuyo volumen de ventas proyectado es el siguiente:

Concepto	Año 1	Año 2	Año 3	Año 4	Año 5
Volumen de ventas (unidades)	40.000	50.000	60.000	65.000	70.000

- El precio de venta unitario es US$ 10, el costo variable por unidad es US$ 6 y los costos fijos totales ascienden a US$ 28.000 por año.
- La inversión fija se ha estimado en US$ 600.000 y tiene una vida útil de 8 años.
- El capital de trabajo neto al inicio del proyecto es el siguiente: cuentas por cobrar US$ 15.000, inventarios US$ 45.000, cuentas por pagar US$ 20.000.
- Al final de cada año se proyecta que las cuentas por cobrar representarán el 5% de las ventas, los inventarios el 20% de las ventas y las cuentas por pagar el 10% de las ventas.
- El proyecto contempla un préstamo por US$ 200.000 a 5 años plazo, pagos anuales con cuotas fijas a capital, a la tasa de interés del 6% anual.
- La tasa del impuesto a las utilidades es 25%.
- La tasa de inflación es 0%.

Elaborar el estado de resultados proyectado, el flujo de caja libre y el flujo de caja del accionista por los tres enfoques (enfoque EBIT, enfoque ascendente, enfoque descendente).

INFORMACIÓN BÁSICA					
Inversión fija	US$	600.000.-	Precio de venta unitario	US$	10.-
Capital de trabajo neto inicial	US$	40.000.-	Costo variable unitario	US$	6.-
Monto del préstamo	US$	200.000.-	Costo fijo	US$	28.000.-
Plazo		5 años	Tasa impuesto a las utilidades		25%
Tasa de interés anual		6%			

PLAN DE AMORTIZACIÓN
En Dólares americanos

Período (Años)	Saldo préstamo	Capital	Interés	Capital e interés
1	200.000	40.000	12.000	52.000
2	160.000	40.000	9.600	49.600
3	120.000	40.000	7.200	47.200
4	80.000	40.000	4.800	44.800
5	40.000	40.000	2.400	42400
		200.000	36.000	236.000

PRONÓSTICO DE VENTAS
En dólares americanos

Detalle	Año 1	Año 2	Año 3	Año 4	Año 5
Volumen de ventas (unidades)	40.000	50.000	60.000	65.000	70.000
Precio de venta unitario	10	10	10	10	10
INGRESO BRUTO POR VENTAS	**400.000**	**500.000**	**600.000**	**650.000**	**700.000**

COSTO VARIABLE TOTAL
En dólares americanos

Detalle	Año 1	Año 2	Año 3	Año 4	Año 5
Volumen de ventas (unidades)	40.000	50.000	60.000	65.000	70.000
Costo variable unitario	6	6	6	6	6
COSTO VARIABLE TOTAL	**240.000**	**300.000**	**360.000**	**390.000**	**420.000**

REQUERIMIENTO DE CAPITAL DE TRABAJO NETO (CTN)
En dólares americanos

Detalle	Año 0	Año 1	Año 2	Año 3	Año 4	Año 5
Cuentas por cobrar (5%)	15.000	20.000	25.000	30.000	32.500	35.000
Inventarios (20%)	45.000	80.000	100.000	120.000	130.000	140.000
Cuentas por pagar (10%)	20.000	40.000	50.000	60.000	65.000	70.000
CAPITAL DE TRABAJO NETO	40.000	60.000	75.000	90.000	97.500	105.000
VARIACIONES EN EL CTN	**40.000**	**20.000**	**15.000**	**15.000**	**7.500**	**7.500**

ESTADO DE RESULTADOS PROYECTADO
En dólares americanos

Detalle	Año 1	Año 2	Año 3	Año 4	Año 5
Ventas	400.000	500.000	600.000	650.000	700.000
(-) Costos variables	240.000	300.000	360.000	390.000	420.000
(-) Costos fijos	28.000	28.000	28.000	28.000	28.000
(-) Depreciación	75.000	75.000	75.000	75.000	75.000
Utilidad antes de intereses e impuestos (EBIT)	57.000	97.000	137.000	157.000	177.000
(-) Intereses	12.000	9.600	7.200	4.800	2.400
Utilidad antes de impuestos (EBT)	45.000	87.400	129.800	152.200	174.600
(-) Impuestos (25% sobre EBT)	11.250	21.850	32.450	38.050	43.650
Utilidad neta	33.750	65.550	97.350	114.150	130.950

FLUJO DE CAJA LIBRE
En dólares americanos

Detalle	Año 0	Año 1	Año 2	Año 3	Año 4	Año 5
E.B.I.T.		57.000	97.000	137.000	157.000	177.000
(+) Depreciación		75.000	75.000	75.000	75.000	75.000
(-) Impuestos (25% sobre EBIT)		-14.250	-24.250	-34.250	-39.250	-44.250
(-) Inversión fija	-600.000					
(-) Variaciones en el CTN	-40.000	-20.000	-15.000	-15.000	-7.500	-7.500
FLUJO DE CAJA LIBRE	**-640.000**	**97.750**	**132.750**	**162.750**	**185.250**	**200.250**

FLUJO DE CAJA DEL ACCIONISTA
En dólares americanos

Detalle	Año 0	Año 1	Año 2	Año 3	Año 4	Año 5
E.B.I.T.		57.000	97.000	137.000	157.000	177.000
(+) Depreciación		75.000	75.000	75.000	75.000	75.000
(-) Impuestos (25% sobre EBT)		-11.250	-21.850	-32.450	-38.050	-43.650
(-) Inversión fija	-600.000					
(-) Variaciones en el CTN	-40.000	-20.000	-15.000	-15.000	-7.500	-7.500
(+) Préstamo	200.000					
(-) Amortización prestamo		-40.000	-40.000	-40.000	-40.000	-40.000
(-) Intereses		-12.000	-9.600	-7.200	-4.800	-2.400
FLUJO DE CAJA DEL ACCIONISTA	**-440.000**	**48.750**	**85.550**	**117.350**	**141.650**	**158.450**

FLUJO DE CAJA DEL ACCIONISTA
En dólares americanos

Detalle	Año 0	Año 1	Año 2	Año 3	Año 4	Año 5
Utilidad neta		33.750	65.550	97.350	114.150	130.950
(+) Depreciación		75.000	75.000	75.000	75.000	75.000
(-) Inversión fija	-600.000					
(-) Variaciones en el CTN	-40.000	-20.000	-15.000	-15.000	-7.500	-7.500
(+) Préstamo	200.000					
(-) Amortización prestamo		-40.000	-40.000	-40.000	-40.000	-40.000
FLUJO DE CAJA DEL ACCIONISTA	**-440.000**	**48.750**	**85.550**	**117.350**	**141.650**	**158.450**

FLUJO DE CAJA DEL ACCIONISTA
En dólares americanos

Detalle	Año 0	Año 1	Año 2	Año 3	Año 4	Año 5
Ventas		400.000	500.000	600.000	650.000	700.000
(-) Costos variables		-240.000	-300.000	-360.000	-390.000	-420.000
(-) Costos fijos		-28.000	-28.000	-28.000	-28.000	-28.000
(-) Impuestos (25% sobre E.B.T.)		-11.250	-21.850	-32.450	-38.050	-43.650
(-) Inversión fija	-600.000					
(-) Variaciones en el CTN	-40.000	-20.000	-15.000	-15.000	-7.500	-7.500
(+) Préstamo	200.000					
(-) Amortización préstamo		-40.000	-40.000	-40.000	-40.000	-40.000
(-) Intereses		-12.000	-9.600	-7.200	-4.800	-2.400
FLUJO DE CAJA DEL ACCIONISTA	**-440.000**	**48.750**	**85.550**	**117.350**	**141.650**	**158.450**

5.5. Fuentes y usos de fondos

El estado de fuentes y usos de fondos es otra forma de presentar los ingresos y egresos de efectivo de una empresa, con el objetivo de determinar la capacidad de cubrir sus costos, inversiones fijas, capital de trabajo, obligaciones financieras y dividendos.

En este estado los ingresos y egresos de efectivo se divide en fuentes y usos de fondos. Como fuentes de fondos se considera el ingreso por ventas, los préstamos y los aportes de capital de los socios. Como usos de fondos se considera las inversiones fijas, el capital de trabajo neto, los costos de producción o de ventas, los gastos de operación, los intereses de la deuda, la amortización de la deuda, los impuestos y los dividendos que se pagará a los accionistas.

Ejemplo 5.2. Fuentes y usos de fondos

Elaborar el estado de fuentes y usos de fondos del ejemplo 5.1, considerando que se pagará el 60% de la utilidad neta como dividendos.

FUENTES Y USOS DE FONDOS
En dólares americanos

Detalle	Año 0	Año 1	Año 2	Año 3	Año 4	Año 5
FUENTES						
Ventas		400.000	500.000	600.000	650.000	700.000
Préstamo	200.000					
Aporte propio	440.000					
TOTAL FUENTES	**640.000**	**400.000**	**500.000**	**600.000**	**650.000**	**700.000**
USOS						
Inversiones fijas	600.000					
Capital de trabajo neto	40.000	20.000	15.000	15.000	7.500	7.500
Costos variables		240.000	300.000	360.000	390.000	420.000
Costos fijos		28.000	28.000	28.000	28.000	28.000
Intereses		12.000	9.600	7.200	4.800	2.400
Amortización préstamo		40.000	40.000	40.000	40.000	40.000
Impuestos		11.250	21.850	32.450	38.050	43.650
Dividendos		20.250	39.330	58.410	68.490	78.570
TOTAL USOS	**640.000**	**371.500**	**453.780**	**541.060**	**576.840**	**620.120**
EXCEDENTE/DEFICIT	**0**	**28.500**	**46.220**	**58.940**	**73.160**	**79.880**
SALDO ACUMULADO	**0**	**28.500**	**74.720**	**133.660**	**206.820**	**286.700**

Preguntas y problemas

1. **Cálculo del flujo de caja de operación**

   Locust Corp. registra ventas anuales de US$ 83.400, costo de ventas y gastos de operación de US$ 58.200, depreciación por US$ 13.500 e intereses por US$ 2.100. Si la tasa del impuesto a las utilidades es 25%, determinar el flujo de caja de operación.

2. **Cálculo de los gastos netos de capital**

   Los balances generales al 31 de diciembre de 2009 y 2010 de la empresa Farbide S.A. registran activos fijos netos de US$ 235.000 y US$ 256.500, respectivamente. El estado de resultados de la empresa de la gestión 2010 registró una depreciación por US$ 32.700. ¿Cuáles han sido los gastos netos de capital?

3. **Cálculo de las variaciones en el capital de trabajo neto**

   El balance general al 31 de diciembre de 2009 de Neex Corp., registra activos circulantes por US$ 55.800 y pasivos circulantes por US$ 32.200. En la gestión 2010, los activos circulantes fueron de US$ 61.700 y los pasivos circulantes de US$ 31.500. ¿Cuál ha sido el cambio en el capital de trabajo neto de la empresa?

4. Determinación del flujo de caja libre y flujo de caja del accionista

La empresa Scare Corp. ha proyectado los siguientes volúmenes de venta para un nuevo producto que lanzará al mercado.

Detalle	Año 1	Año 2	Año 3	Año 4	Año 5
Volumen de ventas (unidades)	100.000	105.000	110.000	120.000	140.000

- El precio de venta unitario es US$ 3, el costo variable por unidad es US$ 2 y los costos fijos ascienden a US$ 45.000 por año.
- El proyecto requiere inversiones en maquinaria y equipo por un valor de US$ 160.000, las cuales tienen una vida útil de ocho años.
- El capital de trabajo neto inicial asciende a US$ 25.000, conformado por cuentas por cobrar por US$ 6.000, inventarios por US$ 24.000 y cuentas por pagar por US$ 5.000.
- Al final de cada año se proyecta que las cuentas por cobrar representarán el 8% de las ventas, los inventarios el 12% de las ventas y las cuentas por pagar el 6% de las ventas.
- Para financiar el proyecto se contempla contraer un préstamo bancario por US$ 40.000 a cinco años plazo, amortizaciones anuales con cuotas fijas a capital, a la tasa de interés del 12% anual.
- La tasa del impuesto a las utilidades es 25%.

Elaborar el estado de resultados proyectado, el flujo de caja libre, el flujo de caja del accionista y el estado de fuentes y usos de fondos.

6 Evaluación económica financiera

En este capítulo expondremos como se realiza la evaluación económica financiera de un proyecto, veremos como se elabora el estado de resultados proyectado, el flujo de caja del proyecto, el flujo de caja del accionista, el balance general proyectado y como se determina los indicadores financieros, como el período de recuperación descontado, el valor actual neto, la tasa interna de retorno y el índice de rentabilidad.

6.1. El estado de resultados

El estado de resultados denominado también estado de pérdidas y ganancias muestra los ingresos, gastos y la utilidad neta obtenida por una empresa durante un determinado período de tiempo.

La clasificación general del estado de resultados se muestra en el cuadro 6.1.

Cuadro 6.1. Formato del estado de resultados

ESTADO DE RESULTADOS
Al 31 de diciembre de 2010
En dólares americanos

Ventas		2.350.000
(-) Costo de ventas		1.670.000
Utilidad bruta		680.000
(-) Gastos de administración		136.000
(-) Gastos de comercialización		122.000
(-) Depreciación		62.000
Utilidad antes de intereses e impuestos (EBIT)		360.000
(-) Intereses		20.000
Utilidad antes de impuestos (EBT)		340.000
(-) Impuesto a las utilidades		85.000
Utilidad neta		255.000
Dividendos	100.000	
Retención de utilidades	155.000	

Lo primero que se reporta en un estado de resultados son los ingresos por ventas y el costo de ventas o costo de producción, la diferencia constituye la utilidad bruta. A continuación se incluyen los gastos de operación y la depreciación para así determinar la utilidad antes de intereses e impuestos, que lo simbolizaremos con EBIT por sus siglas en ingles (earnings before interest and taxes). Seguidamente se consignan los intereses de la deuda para determinar la utilidad antes de impuestos, que lo simbolizaremos por EBT por sus siglas en ingles (earnings before taxes). Posteriormente se consigna los ingresos y gastos extraordinarios, el impuesto a las utilidades y finalmente la utilidad neta de la gestión.

6.2.   Flujo de caja del proyecto

Para ver como se construyen el flujo de caja de un proyecto necesitamos recordar lo expuesto en el capítulo 5.

En este capítulo vimos que el flujo de caja de operación se obtiene a partir del estado de resultados, el cual se determina sin considerar la depreciación porque no es un flujo de salida de efectivo, no se considera los intereses de la deuda porque no son un gasto operativo, pero si se incluye los impuestos porque estos se pagan en efectivo.

Existen diferentes enfoques para determinar el flujo de caja de operación, vimos el enfoque EBIT, el enfoque ascendente, el enfoque descendente y ahora veremos el enfoque de protección fiscal, que es muy útil para evaluar proyectos especiales.

Enfoque EBIT
E.B.I.T.
(+) Depreciación
(-) Impuestos
Flujo de caja de operación (FCO)

Enfoque ascendente
Utilidad neta
(+) Depreciación
(+) Intereses
Flujo de caja de operación (FCO)

Enfoque descendente
Ventas
(-) Costo de ventas y gastos de operación
(-) Impuestos
Flujo de caja de operación (FCO)

Enfoque de protección fiscal
(Ventas - Costos) x $(1 - t_x)$
(+) Depreciación x t_x
Flujo de caja de operación (FCO)

Donde t_x es la tasa del impuesto a las utilidades

El flujo de caja del proyecto denominado también flujo de caja libre, tiene tres componentes, el flujo de caja de operación, los gastos netos de capital y las variaciones en el capital de trabajo neto. Para analizar la rentabilidad de un proyecto tenemos que incluir dos partidas adicionales, el valor residual de la inversión fija y la recuperación del capital de trabajo. Estas partidas se incluyen al final del periodo de análisis del proyecto para consignar el valor que tendrá la inversión fija y el capital de trabajo en el último período, ambos con signos positivos.

El flujo de caja del proyecto se calcula sin considerar el financiamiento de los acreedores, es decir como si el proyecto no tuviera deuda.

El flujo de caja del proyecto se puede calcular utilizando el enfoque EBIT, el enfoque ascendente o el enfoque descendente del flujo de caja de operación. El más práctico es el enfoque EBIT, el cual tiene la siguiente estructura:

Utilidad antes de intereses e impuestos (E.B.I.T.)
(+) Depreciación
(-) Impuestos (sobre E.B.I.T.)
(-) Inversiones fijas (Gastos netos de capital)
(-) Variaciones en el CTN
(+) Valor residual inversión fija
(+) Recuperación CTN

Flujo de caja del proyecto

Aspectos a considerar en la elaboración del flujo de caja del proyecto

Para evaluar un proyecto se debe considerar los cambios en los flujos de caja de la empresa y decidir si los mismos añaden o no valor a la empresa. Para esto es necesario definir los flujos de caja incrementales y otros conceptos básicos.

a) Flujos de caja incrementales

Los flujos de caja incrementales de un proyecto son los cambios en el flujo de caja de una empresa que surge como consecuencia de la decisión de llevarla a cabo, es decir es la diferencia entre los flujos de caja futuros que se lograrían con el proyecto y el flujo de caja actual de la empresa.

Para evaluar un proyecto sólo se debe considerar los flujos de caja incrementales.

b) Costos hundidos

Un costo hundido es un gasto que ya se ha realizado o se tiene la obligación de hacerlo, es decir es un costo que la empresa debe pagar se lleve o no se lleve a cabo el proyecto.

Los costos hundidos no son flujos de caja relevantes, por lo que no se deben considerar en el análisis.

Por ejemplo, si se contrata un consultor financiero para que evalúe si se debería lanzar o no cierta línea de producto, el honorario de la consultoría es un costo hundido.

c) Costos de oportunidad

Es común que se presenten situaciones en las que una empresa posee algunos de los activos que se usarán en un proyecto, y como ya existen no existirá un flujo de salida de efectivo.

Para propósito de evaluar el proyecto se debe considerar este activo porque será un recurso que será utilizado en el proyecto, ya que si no lo utilizamos en el proyecto se podría hacer otro uso de él. De este modo, se dice que éste activo tiene un costo de oportunidad.

El costo de oportunidad será siempre el precio actual en el mercado porque ése es el costo de comprar otro activo similar.

d) Efectos colaterales

Los flujos de caja de un proyecto deben incluir todos los cambios que se producirán en los flujos futuros de efectivo de la empresa.

Un proyecto tendrá efectos colaterales si afecta positiva o negativamente en el nivel de ventas de proyectos o líneas de productos paralelas de la empresa.

En este caso, los flujos de caja del proyecto deberán ajustarse en forma ascendente o descendente para reflejar las utilidades ganadas o perdidas en las otras líneas de productos.

Por ejemplo si una empresa lanza un nuevo producto al mercado y esta afecta las ventas de otro de sus productos, se debe ajustar los flujos de caja en forma descendente.

e) Costos financieros y dividendos

Al analizar un proyecto no se debe incluir los interés pagados a los acreedores ni los dividendos pagados a los accionistas, puesto que estamos interesados en los flujos de caja generados por los activos del proyecto.

La forma como financie el proyecto es una variable administrativa, que determina la manera en que el flujo de caja de un proyecto se divide entre los propietarios y los acreedores.

f) Impuestos

El flujo de caja del proyecto será después de impuestos, porque los impuestos son un flujo de salida de efectivo.

6.3. Flujo de caja del accionista

El flujo de caja del accionista, denominado también flujo de caja del inversionista, es otro flujo que debe calcularse a efectos de evaluación de un proyecto, para determinar la rentabilidad de los recursos invertidos por los accionistas.

El flujo de caja del accionista es el efectivo que el proyecto podrá repartir entre los accionistas después de hacer el pago de todos los gastos generados por el proyecto, es decir después de realizar las inversiones fijas, los incrementos en el capital de trabajo neto y el pago de la deuda, tanto a capital como a intereses.

Para determinar el flujo de caja del accionista también debe incluirse el valor residual y la recuperación del capital de trabajo.

El flujo de caja del accionista también se puede determinar utilizando el enfoque EBIT, el enfoque ascendente y el enfoque descendente, es decir partiendo ya sea de la utilidad antes de intereses e impuestos, la utilidad neta o las ventas. El más práctico es el enfoque ascendente, el cual tiene la siguiente estructura:

Utilidad neta
(+) Depreciación
(-) Inversiones fijas (Gastos netos de capital)
(-) Variaciones en el CTN
(+) Préstamo
(-) Amortización préstamo
(+) Valor residual inversión fija
(+) Recuperación CTN
_____
Flujo de caja del accionista

6.4. El balance general

El balance general es una radiografía de la posición financiera de la empresa en un determinado momento del tiempo.

El balance general indica que posee una empresa (sus activos), y como están financiados estos activos en la forma de deuda (pasivo) o capital (patrimonio neto).

El activo son los bienes y derechos que tiene una empresa, el cual se clasifica en activo circulante, activo fijo y otros activos.

El activo circulante tiene una vida de menos de un año, esto significa que se convertirán en efectivo antes de un año y esta conformado por el efectivo, inversiones temporarias, cuentas por cobrar e inventarios.

El activo fijo son aquellos bienes físicos que tienen una vida útil superior a un año y están conformados por terrenos, obras civiles, construcciones, maquinaria, equipo, muebles, enseres y vehículos.

Los otros activos tienen también una vida útil superior a un año y comprenden las inversiones permanentes, los gastos pagados por anticipado y los gastos diferidos.

El pasivo es el conjunto de deudas y obligaciones de la empresa, el cual se clasifica en pasivo circulante y pasivo a largo plazo. Los pasivos circulantes tienen vencimientos de menos de un año, lo cual significa que deben pagarse antes del año. Una deuda que no venza dentro del año siguiente, se clasifica como pasivo a largo plazo.

Por definición, la diferencia entre el valor total del activo y el valor del pasivo es el patrimonio neto.

El formato del balance general se muestra en el cuadro 6.2

Cuadro 6.2. **Formato del balance general**

BALANCE GENERAL
Al 31 de diciembre de 2010
En dólares americanos

ACTIVO CIRCULANTE			PASIVO CIRCULANTE		
Efectivo	2.190		Cuentas por pagar	3.955	
Inversiones temporarias	1.354		Deudas bancarias y financieras	4.049	
Cuentas por cobrar	9.627		Intereses por pagar	928	
Inventarios	5.524	18.695	Deudas fiscales y sociales	2.547	11.479
ACTIVO FIJO			PASIVO A LARGO PLAZO		
Activo fijo bruto	112.300		Deudas bancarias y financieras	32.845	
(-) Depreciación acumulada	22.180	90.120	Previsión para indemnizaciones	9.171	42.016
OTROS ACTIVOS			PATRIMONIO NETO		
Inversiones permanentes	2.100		Capital	24.876	
Gastos pagados por anticipado	1.200		Reservas	25.764	
Gastos diferidos	820	4.120	Ajustes al patrimonio	3.240	
			Utilidades acumuladas	5.560	59.440
TOTAL ACTIVO		112.935	TOTAL PASIVO Y PATRIMONIO		112.935

En el ejemplo 6.1 se presenta un caso práctico de evaluación económica financiera de un proyecto.

Ejemplo 6.1. Evaluación económica financiera

A continuación se presenta información de una fábrica de bolsas plásticas a implementarse.

1. **Inversiones fijas e inversiones intangibles requeridas**

Terreno	US$ 10.000 (2.000 m^2 a US$ 5 el metro cuadrado)
Obras civiles	US$ 93.000
Maquinaria y equipo	US$ 70.000
Muebles y enseres	US$ 9.000
Vehículo	US$ 18.000
Gastos de organización	US$ 5.000

OBRAS CIVILES
En dólares americanos

Descripción	Superficie construida	Costo unitario	Importe
Planta de producción	300 m^2	150	45.000
Almacen de insumos y productos terminados	250 m^2	160	40.000
Area administrativa	50 m^2	160	8.000
TOTAL	**600 m^2**	**155**	**93.000**

MAQUINARIA Y EQUIPO
En dólares americanos

Descripción	Cantidad	Costo unitario	Importe
Maquina extrusora	1	32.000	32.000
Maquina flexográfica	1	20.500	20.500
Máquina trafaladora	1	5.500	5.500
Máquina confeccionadora	1	11.300	11.300
Compresora	1	300	300
Bomba de agua	1	400	400
TOTAL			**70.000**

2. **Financiamiento**

Se contempla financiamiento bancario bajo las siguientes condiciones:

Monto préstamo:	US$ 80.000
Destino del crédito:	Construcción planta industrial US$ 30.000
	Adquisición de maquinaria US$ 50.000
Plazo:	5 años
Periodo de gracia:	1 año
Amortización:	Anual
Tasa de interés:	9% anual
Tipo de amortización:	Cuota fija a capital

3. **Aspectos técnicos**

Capacidad instalada de la planta industrial: 150.000 Kgr / año.

PROGRAMA DE PRODUCCIÓN

Concepto	Año 1	Año 2	Año 3	Año 4	Año 5
% Utilización de la capacidad instalada	80%	90%	100%	100%	100%
Volumen de producción (Kgr)	120.000	135.000	150.000	150.000	150.000

El 60% estará destinado a la fabricación de bobinas plásticas y el 40% a bolsas plásticas.

4. Presupuesto de ingresos y gastos

Precios de venta: Bobinas plásticas   US$ 3,20 / Kgr

                    Bolsas plásticas   US$ 3,00 / Kgr

Las ventas se realizaran a un plazo promedio de 30 días.

El periodo del inventario es de 60 días.

Los inventarios serán financiados por el proveedor a 45 días plazo.

La tasa de inflación es cero.

Planilla de sueldos y salarios (Del 1er al 5to año)

PLANILLA DE SUELDOS Y SALARIOS MENSUAL
En dólares americanos

CARGO	HABER BÁSICO	NUMERO DE PERSONAS	TOTAL HABER BÁSICO	FONDO DE PENSIONES	FONDO PRO- VIVIENDA	SEGURO SALUD	PREVISIÓN INDEMNIZ.	PREVISIÓN AGUINALDO	TOTAL APORTE PATRONAL	COSTO TOTAL
				1,71%	2,00%	10,00%	8,33%	8,33%	30,37%	
Departamento de administración										
Gerente general	700	1	700	12	14	70	58	58	213	913
Secretaria	250	1	250	4	5	25	21	21	76	326
Gerente finanzas	500	1	500	9	10	50	42	42	152	652
Contador	300	1	300	5	6	30	25	25	91	391
SUB TOTAL										2.281
Departamento de ventas										
Gerente comercial	500	1	500	9	10	50	42	42	152	652
Vendedores	200	2	400	7	8	40	33	33	121	521
SUB TOTAL										1.173
Departamento de producción										
Jefe de producción	450	1	450	8	9	45	37	37	137	587
Operarios	320	6	1.920	33	38	192	160	160	583	2.503
SUB TOTAL										3.090
TOTAL GENERAL										6.544

Costos de la materia prima:

HOJA DE COSTO

En dólares americanos

Producto:	Bobinas plasticas		Cantidad:	1 Kgr
Detalle	Unidad	Cantidad	Costo unitario	Costo total
Materia prima e insumos				
Polietileno	Kgr	0,95	1,70	1,62
Master bach	Kgr	0,05	7,00	0,35
Canuto de cartón	Pieza	0,06	0,50	0,03
			Costo total	2,00
			Costo unitario	2,00

HOJA DE COSTO

En dólares americanos

Producto:	Bolsas plasticas con impresión		Cantidad:	1 Kgr
Detalle	Unidad	Cantidad	Costo unitario	Costo total
Materia prima e insumos				
Polietileno	Kgr	1,00	1,70	1,70
Tinta de impresión	Kgr	0,01	7,50	0,08
			Costo total	1,78
			Costo unitario	1,78

Gastos indirectos de fabricación (1er año)

Energía eléctrica y agua	US$ 1.400 / año	(Costo variable)
Combustibles y lubricantes	US$ 400 / año	(Costo variable)
Mantenimiento	US$ 600 / año	(Costo fijo)

Gastos de administración

Gastos generales	US$ 520 / año	(Costo fijo)
Seguro	US$ 1.200 / año	(Costo fijo)

Gastos de comercialización

Comisiones sobre ventas	1% sobre ventas
Publicidad y promoción	2% sobre ventas

Tasas impositivas a considerar

Impuesto a las utilidades   25%

Rendimiento requerido

Para el flujo de caja del proyecto   11,7%
Para el flujo de caja del accionista 14%

a) Elaborar el plan de inversiones y estructura del financiamiento

b) Calcular el capital de trabajo neto en base al método de razones financieras, considerando que el requerimiento mínimo de efectivo para cubrir gastos de administración y comercialización es de 1% sobre las ventas anuales.

c) Elaborar el estado de resultados proyectado.

d) Elaborar el flujo de caja del proyecto y calcular el periodo de recuperación de la inversión, el periodo de recuperación descontado, el valor actual neto, la tasa interna de retorno y el índice de rentabilidad.

e) Elaborar el flujo de caja del inversionista y calcular el valor actual neto, la tasa interna de retorno y el índice de rentabilidad.

f) Elaborar el cuadro de fuentes y usos de fondos, considerando que se distribuye el 60% de las utilidades netas como dividendos.

g) Elaborar el balance general proyectado, considerando que se distribuye el 60% de las utilidades netas como dividendos.

h) Calcular el punto de equilibrio contable y el punto de equilibrio financiero.

PLAN DE INVERSIONES Y ESTRUCTURA DEL FINANCIAMIENTO
En dólares americanos

Concepto	Cantidad	Precio unitario	Monto total	Fuentes de financiamiento		
				Crédito	Aporte propio	Otros financiam.
INVERSIONES FIJAS						
Terreno	2.000 m²	5	10.000		10.000	
Obras civiles	600 m²	155	93.000	30.000	63.000	
Maquinaria y equipo	Global	0	70.000	50.000	20.000	
Muebles y enseres	Global	0	9.000		9.000	
Vehículos	1	18.000	18.000		18.000	
SUB TOTAL			200.000	80.000	120.000	0
INVERSIONES INTAGIBLES						
Gastos de organización			5.000		5.000	
SUB - TOTAL			5.000		5.000	
CAPITAL DE TRABAJO						
Capital de trabajo			78.723		45.568	33.155
SUB TOTAL			78.723		45.568	33.155
TOTAL			283.723	80.000	170.568	33.155
PORCENTAJE			100%	28,2%	60,1%	11,7%

Monto del préstamo: 80.000
Plazo (Años):   5
Período de gracia (años):   1
Tasa de interés: 9%
Amortización: Anual
Tipo de amortización: Cuota fija a capital

PLAN DE AMORTIZACIÓN
En dólares americanos

Período (Años)	Saldo préstamo	Capital	Interés	Capital e interés
1	80.000	0	7.200	7.200
2	80.000	20.000	7.200	27.200
3	60.000	20.000	5.400	25.400
4	40.000	20.000	3.600	23.600
5	20.000	20.000	1.800	21.800
		80.000	25.200	105.200

Capacidad instalada   150.000 Kgr/año

PRONOSTICO DE VENTAS

Detalle	Año 1	Año 2	Año 3	Año 4	Año 5
% Utilización de la capacidad instalada	80%	90%	100%	100%	100%
Volumen de producción (Kgr)	120.000	135.000	150.000	150.000	150.000
BOBINAS PLASTICAS (60%)					
Volumen de producción (Kgr)	72.000	81.000	90.000	90.000	90.000
Precio de venta	3,20	3,20	3,20	3,20	3,20
SUB - TOTAL	230.400	259.200	288.000	288.000	288.000
BOLSAS PLASTICAS (40%)					
Volumen de producción (Kgr)	48.000	54.000	60.000	60.000	60.000
Precio de venta	3,00	3,00	3,00	3,00	3,00
SUB - TOTAL	144.000	162.000	180.000	180.000	180.000
INGRESO BRUTO POR VENTAS	**374.400**	**421.200**	**468.000**	**468.000**	**468.000**

COSTO DE PRODUCCIÓN
En dólares americanos

Detalle	Año 1	Año 2	Año 3	Año 4	Año 5
BOBINAS PLASTICAS (60%)					
Volumen de producción (Kgr)	72.000	81.000	90.000	90.000	90.000
Costo unitario materia prima	2,00	2,00	2,00	2,00	2,00
Costo materia prima	144.000	162.000	180.000	180.000	180.000
BOLSAS PLASTICAS (40%)					
Volumen de producción (Kgr)	48.000	54.000	60.000	60.000	60.000
Costo unitario materia prima	1,78	1,78	1,78	1,78	1,78
Costo materia prima	85.440	96.120	106.800	106.800	106.800
MATERIA PRIMA E INSUMOS	229.440	258.120	286.800	286.800	286.800
MANO DE OBRA DIRECTA	37.080	37.080	37.080	37.080	37.080
GASTOS INDIRECTOS DE FABRICACIÓN					
Energia electrica, agua (0,3739% s/ ventas)	1.400	1.575	1.750	1.750	1.750
Combustibles y lubricantes (0,1068% s/ ventas)	400	450	500	500	500
Mantenimiento	600	600	600	600	600
COSTO DE PRODUCCIÓN	**268.920**	**297.825**	**326.730**	**326.730**	**326.730**

Período de cobro	30 dias
Período del inventario	60 dias
Período de pago	45 dias

REQUERIMIENTO DE CAPITAL DE TRABAJO
En dólares americanos

Detalle	Año 0	Año 1	Año 2	Año 3	Año 4	Año 5
Efectivo (1% sobre ventas)	3.744	3.744	4.212	4.680	4.680	4.680
Cuentas por cobrar	30.773	30.773	34.619	38.466	38.466	38.466
Inventarios	44.206	44.206	48.958	53.709	53.709	53.709
Cuentas por pagar	33.155	33.155	36.718	40.282	40.282	40.282
CAPITAL DE TRABAJO NETO	**45.568**	**45.568**	**51.071**	**56.573**	**56.573**	**56.573**
VARIACIONES EN EL CTN	**45.568**	**0**	**5.502**	**5.502**	**0**	**0**

GASTOS DE ADMINISTRACIÓN
En dólares americanos

Detalle	Año 1	Año 2	Año 3	Año 4	Año 5
Sueldos y salarios departamento administración	27.372	27.372	27.372	27.372	27.372
Gastos generales	520	520	520	520	520
Seguro	1.200	1.200	1.200	1.200	1.200
GASTOS DE ADMINISTRACIÓN	**29.092**	**29.092**	**29.092**	**29.092**	**29.092**

GASTOS DE COMERCIALIZACIÓN
En dólares americanos

Detalle	Año 1	Año 2	Año 3	Año 4	Año 5
Sueldos y salarios departamento ventas	14.076	14.076	14.076	14.076	14.076
Comisiones sobre ventas (1% s/ ventas)	3.744	4.212	4.680	4.680	4.680
Publicidad y promoción (2% s/ ventas)	7.488	8.424	9.360	9.360	9.360
GASTOS DE COMERCIALIZACIÓN	**25.308**	**26.712**	**28.116**	**28.116**	**28.116**

CUADRO DE DEPRECIACIÓN DEL ACTIVO FIJO Y AMORTIZACIÓN DE ACTIVOS INTANGIBLES
En dólares americanos

Detalle	Valor activo fijo	Vida útil (Años)	Depreciación anual	Valor residual 5° Año	Valor de mercado 5° Año
ACTIVO FIJO					
Terreno	10.000		0	10.000	
Obras civiles	93.000	40	2.325	81.375	
Maquinaria y equipo	70.000	8	8.750	26.250	
Muebles y enseres	9.000	10	900	4.500	
Vehículos	18.000	5	3.600	0	
ACTIVO INTANGIBLE	5.000	5	1.000	0	
TOTAL	**205.000**		**16.575**	**122.125**	

ESTADO DE RESULTADOS PROYECTADO
En dólares americanos

Detalle	Año 1	Año 2	Año 3	Año 4	Año 5
Ingreso por ventas	374.400	421.200	468.000	468.000	468.000
(-) Costo de producción	268.920	297.825	326.730	326.730	326.730
(-) Gastos de administración	29.092	29.092	29.092	29.092	29.092
(-) Gastos de comercialización	25.308	26.712	28.116	28.116	28.116
(-) Depreciación y amortización	16.575	16.575	16.575	16.575	16.575
E.B.I.T.	34.505	50.996	67.487	67.487	67.487
(-) Intereses	7.200	7.200	5.400	3.600	1.800
E.B.T.	27.305	43.796	62.087	63.887	65.687
(-) Impuesto a las utilidades (25% s / E.B.T)	6.826	10.949	15.522	15.972	16.422
Utilidad neta	20.479	32.847	46.565	47.915	49.265

FLUJO DE CAJA DEL PROYECTO
En dólares americanos

Detalle	Año 0	Año 1	Año 2	Año 3	Año 4	Año 5
E.B.I.T.		34.505	50.996	67.487	67.487	67.487
(+) Depreciación y amortización		16.575	16.575	16.575	16.575	16.575
(-) Impuestos (25% s / E.B.I.T)		-8.626	-12.749	-16.872	-16.872	-16.872
(-) Inversiones fijas	-200.000					
(-) Inversión intangible	-5.000					
(-) Variaciones en el CTN	-45.568	0	-5.502	-5.502	0	0
(+) Valor residual inversión fija						122.125
(+) Recuperación CTN						56.573
FLUJO DE CAJA DEL PROYECTO	**-250.568**	**42.454**	**49.320**	**61.688**	**67.190**	**245.888**

Rendimiento requerido = 11,70%

PRI = 4,45 años

PRD = 6,40 años

VAN = 55.799

TIR = 18,07%

IR = 1,22

FLUJO DE CAJA DEL ACCIONISTA
En dólares americanos

Detalle	Año 0	Año 1	Año 2	Año 3	Año 4	Año 5
Utilidad neta		20.479	32.847	46.565	47.915	49.265
(+) Depreciación y amortización		16.575	16.575	16.575	16.575	16.575
(-) Inversiones fijas	-200.000					
(-) Inversiones intangibles	-5.000					
(-) Variaciones en el CTN	-45.568	0	-5.502	-5.502	0	0
(+) Préstamo	80.000					
(-) Amortización préstamo		0	-20.000	-20.000	-20.000	-20.000
(+) Valor residual inversión fija						122.125
(+) Recuperación CTN						56.573
FLUJO DE CAJA DEL ACCIONISTA	**-170.568**	**37.054**	**23.920**	**37.638**	**44.490**	**224.538**

Rendimiento requerido = 14,00%
VAN = 48.705
TIR = 21,95%
IR = 1,29

FUENTES Y USOS DE FONDOS
En dólares americanos

Detalle	Año 0	Año 1	Año 2	Año 3	Año 4	Año 5
FUENTES						
Ingreso por ventas		374.400	421.200	468.000	468.000	468.000
Préstamo	80.000					
Aporte propio	170.568					
Otros financiamientos	33.155					
TOTAL FUENTES	**283.723**	**374.400**	**421.200**	**468.000**	**468.000**	**468.000**
USOS						
Inversiones fijas	200.000					
Inversiones intangibles	5.000					
Capital de trabajo	78.723	0	5.502	5.502	0	0
Costo de producción		268.920	297.825	326.730	326.730	326.730
Gastos de administración		29.092	29.092	29.092	29.092	29.092
Gastos de comercialización		25.308	26.712	28.116	28.116	28.116
Intereses		7.200	7.200	5.400	3.600	1.800
Amortización préstamo		0	20.000	20.000	20.000	20.000
Impuesto a las utilidades		6.826	10.949	15.522	15.972	16.422
Dividendos		12.287	19.708	27.939	28.749	29.559
TOTAL USOS	**283.723**	**349.634**	**416.989**	**458.301**	**452.259**	**451.719**
EXCEDENTE/DEFICIT	**0**	**24.767**	**4.211**	**9.699**	**15.741**	**16.281**
SALDO ACUMULADO	**0**	**24.767**	**28.978**	**38.676**	**54.418**	**70.699**

BALANCE GENERAL PROYECTADO
En dólares americanos

Detalle	Año 0	Año 1	Año 2	Año 3	Año 4	Año 5
ACTIVO						
CIRCULANTE						
Efectivo		24.767	28.978	38.676	54.418	70.699
Efectivo mínimo	3.744	3.744	4.212	4.680	4.680	4.680
Cuentas por cobrar	30.773	30.773	34.619	38.466	38.466	38.466
Inventarios	44.206	44.206	48.958	53.709	53.709	53.709
TOTAL ACTIVO CIRCULANTE	78.723	103.489	116.767	135.531	151.272	167.553
FIJO E INTANGIBLE						
Activo fijo bruto	205.000	205.000	205.000	205.000	205.000	205.000
(-) Depreciación acumulada	0	16.575	33.150	49.725	66.300	82.875
ACTIVO FIJO NETO	205.000	188.425	171.850	155.275	138.700	122.125
TOTAL ACTIVO	**283.723**	**291.914**	**288.617**	**290.806**	**289.972**	**289.678**
PASIVO						
CIRCULANTE						
Cuentas por pagar	33.155	33.155	36.718	40.282	40.282	40.282
PASIVO LARGO PLAZO						
Prestamos bancarios L.P.	80.000	80.000	60.000	40.000	20.000	0
TOTAL PASIVO	113.155	113.155	96.718	80.282	60.282	40.282
PATRIMONIO NETO						
Capital	170.568	170.568	170.568	170.568	170.568	170.568
Utilidades acumuladas	0	8.192	21.330	39.956	59.123	78.829
TOTAL PATRIMONIO NETO	170.568	178.760	191.898	210.525	229.691	249.397
TOTAL PASIVO Y PATRIMONIO	**283.723**	**291.914**	**288.617**	**290.806**	**289.972**	**289.678**

DETERMINACIÓN DEL PUNTO DE EQUILIBRIO CONTABLE			
CLASIFICACIÓN COSTOS FIJOS Y VARIABLES			
Concepto	Costo total	Costo var.	Costo fijo
COSTO DE PRODUCCIÓN			
Materia prima e insumos	229.440	229.440	
Mano de obra directa	37.080	37.080	
G.I.F.			
Energia electrica y agua	1.400	1.400	
Combustibles y lubricantes	400	400	
Mantenimiento	600		600
GASTOS DE ADMINISTRACIÓN			
Sueldos y salarios	27.372		27.372
Gastos generales	520		520
Seguros	1.200		1.200
GASTOS DE COMERCIALIZACIÓN		0	
Sueldos y salarios	14.076		14.076
Comisiones sobre ventas	3.744	3.744	
Publicidad y promoción	7.488	7.488	
DEPRECIACIÓN Y AMORTIZACIÓN	16.575		16.575
INTERESES	7.200		7.200
TOTAL	**347.095**	**279.552**	**67.543**

Cálculo del punto de equilibrio contable:

$$PE = \frac{CF}{1 - CV/IT} = \frac{67.543}{0,25333333} = 266.617$$

Producto	Participación	Ventas	Precio	Cantidad
Bobinas	61,54%	164.072	3,20	51.273
Bolsas	38,46%	102.545	3,00	34.182
		266.617		

Cálculo del punto de equilibrio financiero:

FLUJO DE CAJA DEL PROYECTO
En dólares americanos

Detalle	Año 0	Año 1	Año 2	Año 3	Año 4	Año 5
Flujo de caja de operación		FCO	FCO	FCO	FCO	FCO
(-) Inversiones fijas	-200.000					
(-) Inversiones intangibles	-5.000					
(-) Variaciones en el CTN	-45.568	0	-5.502	-5.502	0	0
(+) Valor residual inversión fija						122.125
(+) Recuperación CTN						56.573
FLUJO DE CAJA DEL PROYECTO	**-250.568**	**FCO**	**FCO - 5.502**	**FCO - 5.502**	**FCO**	**FCO+178.698**
FLUJO DE CAJA DEL PROYECTO	**-156.159**	**FCO**	**FCO**	**FCO**	**FCO**	**FCO**

$$156.159 = FCO \frac{1 - (1,117)^{-5}}{0,117}$$

$$FCO = \frac{156.159}{3,63172843}$$

$$FCO = 42.998$$

Costo fijo = 67.543
Costo fijo sin intereses = 67.543 - 7.200 = 60.343
Depreciación = 16.575

$$PEF = \frac{C.F. + \dfrac{FCO - DEP}{1 - t_x}}{1 - (CV / IT)}$$

$$PEF = \frac{60.343 + \dfrac{42.998 - 16.575}{1 - 0,25}}{1 - (279.552 / 374.400)}$$

$$PEF = \frac{60.343 + 35.231}{0,253333333}$$

PEF = 377.266

Producto	Participación	Ventas	Precio	Cantidad
Bobinas	61,54%	232.169	3,20	72.553
Bolsas	38,46%	145.096	3,00	48.365
		377.266		

Preguntas y problemas

1. **Determinación del flujo de caja de operación**

   Howar Corp. ha proyectado ventas anuales de US$ 16.500 para un proyecto de expansión. Los costos representan el 60% de las ventas, la depreciación asciende a US$ 2.000 y la tasa impositiva es del 25%. Determinar el flujo de caja de operación por los cuatro enfoques (Enfoque EBIT, ascendente, descendente y de protección fiscal).

2. **Determinación del flujo de caja del proyecto**

   Fiberplat S.A. esta evaluando un proyecto que requiere de una inversión fija de US$ 180.000 y un capital de trabajo neto de US$ 27.500. La inversión fija tiene una vida útil de tres años y se estima que tendrán un valor de mercado de US$ 32.000 al final del proyecto. El proyecto generará ventas anuales de US$ 175.000, con costos de producción y de operación anuales de US$ 80.000. La tasa del impuesto a las utilidades es 25% y el rendimiento requerido 11%. Determinar el flujo de caja del proyecto y calcule el valor actual neto, la tasa interna de retorno y el índice de rentabilidad.

3. **Evaluación económica financiera de proyectos**

   Se cuenta con la siguiente información de un proyecto que se encuentra en estudio:
   - Las inversiones fijas requeridas son las siguientes:

Terreno	US$ 120.000
Obras civiles	US$ 200.000
Maquinaria y equipo	US$ 360.000
Muebles y enseres	US$ 20.000

   - Se contempla financiamiento bancario por US$ 200.000 bajo las siguientes condiciones:

Plazo:	5 años
Periodo de gracia:	1 año
Amortización:	Anual
Tasa de interés:	8% anual
Tipo de amortización:	Fija a capital

   - La capacidad instalada de la planta industrial es de 50.000 unidades / año.
   - El programa de producción contempla los siguientes porcentajes de utilización de la capacidad instalada:

	Año 1	Año 2	Año 3	Año 4	Año 5
% Utilización capacidad instalada	60%	70%	80%	100%	100%

   - El precio de venta unitario es de US$ 18.
   - Las ventas se realizaran a un plazo promedio de 30 días, las compras se efectuaran a crédito a 45 días plazo y el periodo del inventario es de 60 días.
   - El costo de producción unitario es de US$ 7.
   - Los gastos de administración asciende a US$ 25.000, que se constituyen en costos fijos.
   - Los gastos de comercialización del primer año asciende a la suma de US$ 50.000, del cual se considera 54% como costo variable y 46% como costo fijo.
   - La tasa del impuesto a las utilidades es 25%.
   a) Elaborar el flujo de caja del proyecto y calcular el periodo de recuperación de la inversión, el período de recuperación descontado, el valor actual neto, la tasa interna de retorno y el índice de rentabilidad, considerando que el rendimiento requerido es 15%
   b) Elaborar el flujo de caja del accionista y calcular el valor actual neto, tasa interna de retorno e índice de rentabilidad, considerando que el rendimiento requerido por los accionistas es 18%
   c) Determinar el punto de equilibrio contable.
   d) Elaborar el balance general proyectado considerando que no se distribuyen dividendos.

4. **Evaluación económica financiera de proyectos**

Se cuenta con la siguiente información de un proyecto de implementación de una fábrica de parquet y revestimiento.

Inversiones fijas e inversiones intangibles requeridas

Terreno	US$ 40.000
Pozo de agua	US$ 10.000
Obras civiles	US$ 124.000
Maquina fabricación de parquet	US$ 250.000
Maquina fabricación revestimiento	US$ 350.000
Muebles y enseres	US$ 16.000
Gastos de puesta en marcha	US$ 10.000

Estructura del financiamiento

Se contempla financiamiento bancario bajo las siguientes condiciones:

Monto préstamo:	US$ 300.000
Destino del crédito: Obras civiles	US$ 50.000
Adquisición de maquinaria	US$ 250.000
Plazo:	5 años
Periodo de gracia:	1 año
Amortización:	Anual
Tasa de interés:	8% anual
Tipo de amortización:	Cuota fija a capital

Aspectos técnicos

Capacidad instalada maquina fabricación parquet:	100.000 m^2 / año.
Capacidad instalada maquina fabricación revestimiento	150.000 m^2/año

	Año 1	Año 2	Año 3	Año 4	Año 5
Parquet					
% Utilización capacidad instalada	50%	80%	85%	90%	100%
Revestimiento					
% Utilización capacidad instalada	60%	75%	80%	100%	100%

Para la fabricación de 500 m^2 de parquet se necesita 15,80 m^3 de madera aserrada.
Para la fabricación de 500 m^2 de revestimiento se necesita 15,80 m^3 de madera aserrada.

Presupuesto de ingresos y gastos

Precios de venta (1er año):	Parquet	US$ 3,20 / m^2
	Revestimiento	US$ 3,00 / m^2
Costo de la madera aserrada (1er año)		US$ 30,0 / m^3
Tasa de inflación proyectada		6% anual.
Período de ventas a crédito		60 días
Período del inventario		90 días
Periodo de pago a proveedores		45 días

Gastos indirectos de fabricación (1er año)

Energía eléctrica	US$ 3.500 / año	(Costo variable)
Lubricantes y repuestos	US$ 1.250 / año	(Costo variable)
Mantenimiento	US$ 800 / año	(Costo fijo)

Gastos de administración (1er año)

Gastos generales	US$ 2.500 / año	(Costo fijo)
Seguros	US$ 3.500 / año	(Costo fijo)

Gastos de comercialización

Comisiones sobre ventas	1,5% sobre ventas
Publicidad	1% sobre ventas

Tasas impositivas

Impuesto a las utilidades	25%

Planilla de sueldos y salarios mensual (para el 1er año)

PLANILLA DE SUELDOS Y SALARIOS MENSUAL
En dólares americanos

CARGO	HABER BÁSICO	NUMERO DE PERSONAS	TOTAL HABER BÁSICO	FONDO DE PENSIONES	FONDO PRO-VIVIENDA	SEGURO SALUD	PREVISIÓN INDEMNIZ.	PREVISIÓN AGUINALDO	TOTAL APORTE PATRONAL	COSTO TOTAL
				1,71%	2,00%	10,00%	8,33%	8,33%	30,37%	
Departamento de Administración										
Gerente general	900	1	900	15	18	90	75	75	273	1.173
Secretaria	250	1	250	4	5	25	21	21	76	326
Gerente de finanzas	600	1	600	10	12	60	50	50	182	782
Contador	300	1	300	5	6	30	25	25	91	391
SUB TOTAL										2.673
Departamento de ventas										
Gerente comercial	600	1	600	10	12	60	50	50	182	782
Vendedores	200	3	600	10	12	60	50	50	182	782
SUB TOTAL										1.564
Departamento de producción										
Gerente de produc.	600	1	600	10	12	60	50	50	182	782
Operarios	350	6	2.100	36	42	210	175	175	638	2.738
SUB TOTAL										3.520
TOTAL GENERAL										7.757

Los sueldos del departamento de administración y de ventas se consideran como costo fijo.

El sueldo del gerente de producción se debe considerar como costo fijo y el sueldo de los operarios como costo variable.

Rendimiento requerido

Rendimiento requerido para el proyecto:	11%
Rendimiento requerido por los accionistas:	14%

a) Elaborar el plan de inversiones y estructura del financiamiento

b) Calcular el capital de trabajo neto en base al método de razones financieras, considerando que el requerimiento mínimo de efectivo es de 1% sobre las ventas anuales.

c) Elaborar el estado de resultados proyectado.

d) Determinar el punto de equilibrio contable.

e) Elaborar el flujo de caja de proyecto en términos nominales y calcular el período de recuperación de la inversión, el período de recuperación descontado, valor actual neto, la tasa interna de retorno y el índice de rentabilidad.

f) Elaborar el flujo de caja del accionista en términos nominales y calcular el valor actual neto, la tasa interna de retorno y el índice de rentabilidad.

Elaborar el cuadro de fuentes y usos de fondos y el balance general proyectado considerando que se distribuye el 40% de las utilidades netas como dividendos.

7 Costo de capital

Una variable importante en la evaluación de un proyecto es la tasa de descuento utilizada en la actualización de los flujos de caja. Esta tasa de descuento o rendimiento requerido es el costo de capital del proyecto. En este capítulo se estudia los componentes del costo de capital y el procedimiento para calcularlo.

7.1. Componentes del costo de capital

El costo de capital es la tasa de descuento que se utiliza para evaluar un proyecto de inversión, es decir es la tasa que se emplea para determinar el valor actual neto de los flujos de caja proyectados.

El costo de capital representa la rentabilidad mínima que se le exigirá al proyecto, según su riesgo, de manera tal que el retorno esperado permita recuperar la totalidad de la inversión inicial, pagar los intereses por el financiamiento externo recibido y cubrir el rendimiento que el inversionista exige por sus recursos propios.

En consecuencia, el costo de capital de un proyecto es el precio que se paga por los fondos obtenidos para financiar la inversión, es decir el costo promedio ponderado de las distintas fuentes de financiamiento.

Un proyecto se puede financiar con recursos de los accionistas o con recursos ajenos. El costo de utilizar los recursos de los accionistas se denomina costo del capital accionario, el costo de los recursos ajenos se denomina costo de la deuda.

7.2. Costo del capital accionario

El costo del capital accionario es el rendimiento que requieren los inversionistas sobre los recursos invertidos en la empresa.

Existen dos enfoques para determinar el costo del capital accionario:

- El modelo de crecimiento de dividendos

- El modelo CAPM (Capital Assets Pricing Model)

Modelo de crecimiento de dividendos

Este modelo considera que los dividendos de una empresa crecerán a una tasa constante **g** de manera indefinida, que gráficamente se la representa de la siguiente manera:

$$
\begin{array}{cccccc}
0 & 1 & 2 & 3 & 4 & \infty \\
\mathrm{D_o} & \mathrm{D_o}(1+g) & \mathrm{D_o}(1+g)^2 & \mathrm{D_o}(1+g)^3 & \mathrm{D_o}(1+g)^4 &
\end{array}
$$

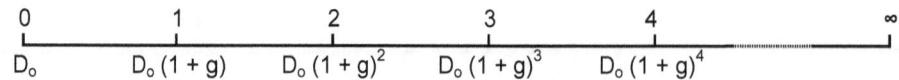

El modelo establece que el precio actual de una acción se determina con la siguiente formula:

$$
P_o = \frac{D_o(1+g)}{i-g} = \frac{D_1}{i-g}
$$

Donde:

P_o Precio actual por acción

D_o Dividendo que se acaba de pagar

D_1 Dividendo proyectado para el siguiente período

i Rendimiento que los accionistas requerirán sobre la acción

g Tasa de crecimiento esperada de dividendos

Si el rendimiento requerido por las accionistas lo representamos por K_e y despejamos este valor tendremos:

$$
P_o = \frac{D_1}{K_e - g}
$$

$$
K_e = \frac{D_1}{P_o} + g
$$

Como K_e es el rendimiento que requerirán los accionistas sobre su inversión, es el costo del capital accionario.

Ejemplo 7.1.   Cálculo del costo del capital accionario

Miller Corp. pagó un dividendo de US$ 5 por acción el año pasado. Las acciones se venden actualmente en US$ 40 por acción. Se estima que el dividendo crecerá a una tasa de 4% anual indefinidamente. Determinar el costo de capital accionario.

Datos:

D_o = US$ 5

P_o = US$ 40

g = 4%

Solución:

$D_1 = D_o(1+g)$

$D_1 = 5(1+0,04)$

$D_1 = 5,20$

$$
K_e = \frac{D_1}{P_0} + g
$$

$$
K_e = \frac{5,2}{40} + 0,04
$$

$$
K_e = 0,17 = 17\%
$$

La tasa de crecimiento **g** se puede estimar en base al comportamiento histórico de los dividendos, a través del pronostico de especialistas en la materia o sacando promedios de distintas estimaciones.

La desventaja del modelo de crecimiento de dividendos es que es aplicable solo a empresas que pagan dividendos y que los dividendos tengan una tasa de crecimiento constante. Asimismo, este modelo no toma en cuenta el riesgo de la inversión.

Modelo CAPM

El modelo de valuación de los activos de capital más conocido como modelo CAPM, establece que el rendimiento requerido de una inversión depende de tres factores:

1. La tasa libre de riesgo (R_f)

2. La prima de riesgo de mercado ($R_m - R_f$)

3. El riesgo sistemático medido mediante el coeficiente beta (β).

El modelo establece que el rendimiento requerido sobre el capital accionario (K_e), se determina con la siguiente formula:

$$K_e = R_f + \beta (R_m - R_f)$$

Tasa libre de riesgo. Los gobiernos captan recursos del público mediante la emisión de valores. Estos valores son emitidos a corto y largo plazo. Los valores emitidos a corto plazo en Estados Unidos reciben el nombre de certificados de la tesorería, en otros países tienen otra denominación, como por ejemplo letras del tesoro. Los certificados emitidos a corto plazo se encuentran virtualmente libres de cualquier riesgo de incumplimiento ya que los gobiernos los van a honrar aumentando los impuestos o recurriendo a otras fuentes de financiamiento y no van a llegar a la quiebra. Nos referiremos a la tasa de rendimiento sobre tales deudas con el nombre de rendimiento o tasa libre de riesgo.

Prima de riesgo. Los rendimientos de los valores emitidos por los gobiernos a corto plazo (valores libres de riesgo) son más bajos que los rendimientos de las acciones comunes emitidas por las empresas privadas. Una comparación entre el rendimiento virtualmente libre de riesgo de los certificados del gobierno a corto plazo y el riesgoso rendimiento sobre las acciones comunes puede interpretarse como una medida del rendimiento en exceso de un activo promedio sujeto a riesgo. Este rendimiento en exceso se denomina prima de riesgo, que es el rendimiento adicional que ganamos al desplazarnos desde una inversión libre de riesgo hasta otra que si la tiene y que puede interpretarse como una recompensa por correr riesgos.

El coeficiente beta. La medida que se utiliza para medir el riesgo de una inversión es el coeficiente beta o simplemente beta, que se lo simboliza con la letra griega β.

Un coeficiente beta nos indica la cantidad de riesgo sistemático que tiene un activo respecto a un activo promedio. Por definición, un activo promedio tiene un beta de 1 y un activo libre de riesgo, como no tiene riesgo sistemático, tiene un beta de cero. Por ejemplo, un activo con un beta de 2 tendrá el doble de riesgo sistemático que un activo promedio.

Debido a que los activos con betas más grandes tienen riesgos sistemáticos más grandes, tendrán rendimientos esperados mayores.

| **Ejemplo 7.2.** | **Cálculo del costo del capital accionario** |

Las acciones de la empresa Carson Company tienen un beta de 1,35. La prima de riesgo de mercado es 7% y la tasa libre de riesgo 4%. ¿Cuál es el costo del capital accionario?

Datos:

$\beta = 1,35$

$PRM = (R_m - R_f) = 7\%$

$R_f = 4\%$

Solución:

$K_e = R_f + \beta(R_m - R_f)$

$K_e = 4\% + 1,35 \times 7\%$

$K_e = 13,45\%$

El coeficiente beta de un determinado sector económico se determina con la siguiente formula:

$$\beta = \frac{Cov(R_s, R_m)}{Var(R_m)}$$

$$Cov(R_s, R_m) = \frac{\sum(R_{si} - \bar{R}_s)(R_{mi} - \bar{R}_m)}{n}$$

$$Var(R_m) = \frac{\sum(R_{mi} - \bar{R}_m)^2}{n - 1}$$

Donde:

R_s	Rendimiento del sector
R_m	Rendimiento del mercado
$Cov(R_s, R_m)$	Covarianza entre el rendimiento del sector y del mercado
$Var(R_m)$	Varianza del rendimiento del mercado

El rendimiento del mercado es el retorno histórico que ha tenido el mercado, el que comúnmente se mide a través de la rentabilidad histórica del mercado bursátil, ya que resulta difícil considerar la rentabilidad de todos los proyectos de una economía.

| **Ejemplo 7.3.** | **Cálculo del coeficiente beta de un sector** |

Se cuenta con la siguiente información del rendimiento de un determinado sector de la economía y del rendimiento del mercado, a efectos de determinar el coeficiente beta del sector.

Año	Rendimiento del sector	Rendimiento del mercado
2006	-2%	10%
2007	4%	9%
2008	6%	12%
2009	8%	15%
2010	9%	16%

Año	R_{si}	R_{mi}	$R_{si} - \bar{R}_s$	$R_{mi} - \bar{R}_m$	$(R_{si} - \bar{R}_s)(R_{mi} - \bar{R}_m)$	$(R_{mi} - \bar{R}_m)^2$
2006	-0,02	0,10	-0,070	-0,024	0,001680	0,000576
2007	0,04	0,09	-0,010	-0,034	0,000340	0,001156
2008	0,06	0,12	0,010	-0,004	-0,000040	0,000016
2009	0,08	0,15	0,030	0,026	0,000780	0,000676
2010	0,09	0,16	0,040	0,036	0,001440	0,001296
	0,25	0,62	0,000	0,000	0,004200	0,003720

$$\bar{R}_S = \frac{\sum R_{si}}{n} = \frac{0,25}{5} = 0,050$$

$$\bar{R}_m = \frac{\sum R_{mi}}{n} = \frac{0,62}{5} = 0,124$$

$$Cov\,(R_s, R_m) = \frac{\sum (R_{si} - \bar{R}_s)(R_{mi} - \bar{R}_m)}{n} = \frac{0,0042}{5} = 0,000840$$

$$Var\,(R_m) = \frac{\sum (R_{mi} - \bar{R}_m)^2}{n - 1} = \frac{0,003720}{4} = 0,000930$$

$$\beta = \frac{Cov\,(R_s, R_m)}{Var\,(R_m)} = \frac{0,000840}{0,000930} = 0,903226$$

7.3.   Costo de la deuda

El costo de la deuda, que se lo simboliza por K_d, representa los intereses o costo financiero de los recursos obtenidos en préstamos ya sea mediante préstamo bancario o mediante la emisión de bonos.

En virtud a que los intereses son deducibles a efectos de determinar el impuesto a las utilidades, éstos permiten una menor tributación, por lo que el costo de la deuda después de impuestos es $K_d\,(1 - t_x)$, donde t_x es la tasa del impuesto a las utilidades.

Para ilustrar porque se debe utilizar el costo de la deuda después de impuestos, vamos a considerar un proyecto que ha estimado una utilidad antes de intereses e impuestos de US$ 10.000 al año. La deuda asciende a US$ 50.000, la tasa de interés es 8% anual y la tasa del impuesto a las utilidades es 25%.

La utilidad neta de este proyecto sin deuda y con deuda es la siguiente:

	Sin deuda	Con deuda
Utilidad antes de intereses e impuestos (EBIT)	10.000	10.000
(-) Intereses	0	4.000
Utilidad antes de impuestos (EBT)	10.000	6.000
(-) Impuestos (25%)	2.500	1.500
Utilidad neta	7.500	4.500

La alternativa con deuda incurre en un costo de US$ 4.000 por concepto de intereses (8% sobre US$ 50.000). Al reducirse las utilidades antes de impuestos, el impuesto a las utilidades se reduce de US$ 2.500 a US$ 1.500 por efecto de la deuda.

La utilidad neta disminuye de US$ 7.500 a US$ 4.500, es decir US$ 3.000 menos. En consecuencia el costo real de la deuda será:

$$\frac{3.000}{50.000} = 0,06 = 6\%$$

Aplicando la fórmula tendríamos:

$$K_d (1 - t_x) = 0,08 (1 - 0,25) = 0,06 = 6\%$$

El costo de la deuda de préstamos obtenidos de entidades financieras puede obtenerse directamente, puesto que es la tasa de interés que la empresa deberá pagar sobre sus préstamos. Si la empresa tiene bonos en circulación, el costo de la deuda será el rendimiento al vencimiento de los bonos.

7.4. Costo promedio ponderado del capital (WACC – Weighted average cost of capital)

El costo promedio ponderado del capital, que lo simbolizaremos por WACC por sus siglas en inglés, es un promedio ponderado de los costos relativos a cada una de las fuentes de financiamiento que utiliza una empresa para financiar sus inversiones, es decir es un promedio ponderado del costo del capital accionario y el costo de la deuda de acuerdo a su participación en la estructura de capital de la empresa.

La fórmula del costo promedio ponderado del capital es la siguiente:

$$WACC = \frac{E}{D + E} K_e + \frac{D}{D + E} K_d (1 - t_x)$$

Donde:

D　　　Valor de la deuda

E　　　Valor del capital accionario

K_e　　Costo del capital accionario

K_d　　Costo de la deuda

t_x　　Tasa del impuesto a las utilidades

Para el cálculo se debe utilizar valores de mercado del capital y la deuda de la empresa. Cuando no es posible obtener estimaciones confiables de estos valores se debe utilizar los valores contables tanto de la deuda como del capital accionario, es decir el valor del pasivo (D) y el valor del patrimonio neto (E).

La mezcla de deuda y capital que elige una empresa –su estructura de capital– es una variable de tipo administrativo. En este capítulo asumiremos que la empresa ha elegido una determinada estructura de capital, es decir una razón deuda patrimonio fija que se mantendrá en los periodos proyectados.

La ponderación que tiene el costo de la deuda y el costo del capital accionario dependerá de la razón deuda activos.

Las razones E/(D + E) y D/(D + E) reciben el nombre de pesos de la estructura de capital.

El valor de mercado del capital de la empresa, se calcula de la siguiente manera:

E = Numero de acciones en circulación x Precio por acción

El valor de mercado de la deuda de la empresa, se calcula de la siguiente manera:

D = Numero de bonos en circulación x Precio de mercado

Ejemplo 7.4. Cálculo del WACC con valores contables

Un proyecto requiere una inversión total de US$ 100.000, que va a ser financiado en un 60% por un préstamo bancario al 8% de interés anual y en un 40% con recursos de los accionistas, sobre el que se exige una rentabilidad del 14%. Si la tasa del impuesto a las utilidades es 25% y se supone que la empresa mantendrá en el futuro la actual estructura de capital, cual será el costo promedio ponderado del capital?

$$WACC = \frac{E}{D+E} \, K_e \; + \; \frac{D}{D+E} \, K_d \; (1 - t_x)$$

WACC = 0,40 x 0,14 + 0,60 x 0,08 (1 - 0,25) = 0,092

WACC = 9,20%

Ejemplo 7.5. Cálculo del WACC con valores de mercado

Bertz Corp. tiene 150.000 acciones de capital en circulación que se venden actualmente a un precio de US$ 28 cada una. La empresa tiene bonos en circulación por un monto total de US$ 2.000.000 que actualmente se cotizan a 96% de su valor nominal, con un rendimiento al vencimiento del 8,5%. La tasa libre de riesgo es 4,5%, la prima de riesgo de mercado 6%, el beta del sector 1,26 y la tasa del impuesto a las utilidades 25%. Determinar el costo promedio ponderado del capital.

Valor del capital accionario
Valor de mercado = 150.000 acciones x US$ 28 = US$ 4.200.000

Valor de la deuda
Valor nominal = US$ 2.000.000

Valor de mercado = US$ 2.000.000 x 96% = US$ 1.920.000

Estructura de capital

D = US$ 1.920.000

E = US$ 4.200.000

D + E = US$ 6.120.000

Cálculo del costo del capital accionario

R_f = 4,5%

$R_m - R_f$ = 6%

β = 1,26

$K_e = R_f + \beta(R_m - R_f)$

K_e = 4,5% + 1,26 x 6% = 12,06%

$$WACC = \frac{E}{D+E} \; K_e \; + \; \frac{D}{D+E} \; K_d \; (1 - t_x)$$

$$WACC = \frac{4.200.000}{6.120.000} \; 12,06\% \; + \; \frac{1.920.000}{6.120.000} \; 8,5\% \; (1-0,25)$$

WACC = 10,28%

Ejemplo 7.6.	**Uso del WACC en evaluación de proyectos**

Una empresa esta evaluando un nuevo sistema de control de inventarios que espera le ahorre en costos US$ 18.000 al año después de impuestos durante cinco años. El proyecto requiere de una inversión fija de US$ 70.000. La empresa tiene una razón deuda patrimonio fijada como meta de 0,60. El costo de la deuda es 9%, el costo del capital accionario 16% y la tasa fiscal impositiva es 25%. Evaluar si el proyecto es factible.

El que usemos o no el WACC de la empresa para evaluar el proyecto depende si éste se encuentra dentro la misma clase de riesgo de la empresa. El ahorro en costos esta íntimamente relacionado con las actividades de la empresa, por lo que se puede utilizar el WACC de la empresa para evaluar el proyecto.

Como la razón deuda patrimonio D / E es igual a 0,60, asumimos que E es igual a 1 y D igual a 0,60.

D / E = 0,60	K_e = 16%
E = 1	K_d = 9%
D = 0,60	t_x = 25%
D + E = 1,60	

$$WACC = \frac{E}{D + E} \; K_e \; + \; \frac{D}{D + E} \; K_d \; (1 - t_x)$$

$$WACC = \frac{1}{1,6} \; 16\% \; + \; \frac{0,6}{1,6} \; 9\% \; (1 - 0,25)$$

WACC = 12,53%

$$VAN = -I + A \; \frac{1 - (1 + i)^{-n}}{i}$$

$$VAN = -70.000 \; + \; 18.000 \; \frac{1 - (1,1253)^{-5}}{0,1253}$$

VAN = - 5.957

El proyecto debe ser rechazado porque el VAN es negativo.

7.5. Cálculo del WACC en la evaluación de proyectos

Para ilustrar como se determina el costo promedio ponderado del capital en la evaluación de proyectos, en el ejemplo 7.7 se presenta la evaluación de un proyecto industrial.

Ejemplo 7.7. Evaluación de proyecto industrial

Se dispone de la siguiente información de un proyecto de implementación de una fábrica de tuberías plásticas.

1. **Inversiones fijas e inversiones intangibles requeridas**

   Terreno   US$ 10.000 ($2.000 \; m^2$ a US$ 5 el m^2)

   Obras civiles   US$ 56.000

   Maquinaria y equipo   US$ 86.500

   Muebles y enseres   US$ 3.000

   Vehículo   US$ 18.000

   Gastos de puesta en marcha   US$ 5.000

OBRAS CIVILES
En dólares americanos

Descripción	Superficie construida	Costo unitario	Importe total
Planta de producción	$200 \; m^2$	150	30.000
Almacen de insumos y prod. terminadc	$120 \; m^2$	150	18.000
Area administrativa	$50 \; m^2$	160	8.000
TOTAL	**$370 \; m^2$**	**151,35**	**56.000**

MAQUINARIA Y EQUIPO
En dólares americanos

Descripción	Cantidad	Costo unitario	Importe total
Maquina extrusora I	1	40.000	40.000
Maquina extrusora II	1	45.000	45.000
Compresora	1	1.000	1.000
Bomba de agua	1	500	500
TOTAL			**86.500**

2. Estructura del financiamiento

Se contempla financiamiento bancario bajo las siguientes condiciones:

Monto préstamo:	US$ 50.000	
Destino del crédito:	Obras civiles	US$ 20.000
	Adquisición de maquinaria	US$ 30.000
Plazo:	5 años	
Periodo de gracia:	1 año	
Amortización:	Anual	
Tasa de interés:	8% anual	
Tipo de amortización:	Cuota fija a capital	

3. Aspectos técnicos

Capacidad instalada maquina extrusora I: 60.000 unidades / año
Capacidad instalada maquina extrusora II: 50.000 unidades / año

PROGRAMA DE PRODUCCIÓN

Detalle	Año 1	Año 2	Año 3	Año 4	Año 5
TUBERIAS PLASTICAS ½" (6 Metros)					
% Utilización capacidad instalada	70%	80%	90%	100%	100%
Volumen de producción (unidades)	42.000	48.000	54.000	60.000	60.000
TUBERIAS PLASTICAS ¾" (6 Metros)					
% Utilización capacidad instalada	80%	90%	100%	100%	100%
Volumen de producción (unidades)	40.000	45.000	50.000	50.000	50.000

Para la fabricación de una unidad de tubería plástica de ½" (Barra de 6 metros) se necesita 1,20 Kgr de PVC y 0,005 Kgr de negro de humo.

Para la fabricación de una unidad de tubería plástica de ¾" (Barra de 6 metros) se necesita 2,10 Kgr de PVC y 0,008 Kgr de negro de humo.

4. Presupuesto de ingresos y gastos

Precios de venta primer año:	Tubería plástica de ½"	US$ 4,00 / unidad
	Tubería plástica de ¾"	US$ 5,50 / unidad
Costo de la materia prima primer año:	P.V.C.	US$ 1,80 / Kgr
	Negro de humo	US$ 2,00 / Kgr

Tasa de inflación proyectada: 4% anual

Las ventas se realizaran a un plazo promedio de 30 días.

El periodo del inventario es de 60 días.

Los inventarios serán financiados por el proveedor a 45 días plazo.

Gastos indirectos de fabricación (1er año)

Energía eléctrica	US$ 300 / mes	(Costo variable)
Lubricantes y repuestos	US$ 120 / mes	(Costo variable)
Mantenimiento	US$ 70 / mes	(Costo fijo)

Gastos de administración (1er año)

Gastos generales	US$ 80 / mes (Costo fijo)
Seguros	US$ 120 / mes (Costo fijo)

Gastos de comercialización

Comisiones sobre ventas	1% sobre ventas
Publicidad y promoción	2% sobre ventas

Tasas impositivas

Impuesto a las utilidades	25%

Sueldos y salarios mensual (Para el 1er año)

Cargo	Haber básico	Número de personas
Departamento de administración		
Gerente general	800	1
Secretaria	300	1
Contador	350	1
Departamento de ventas		
Vendedores	300	2
Departamento de producción		
Jefe de producción	400	1
Operarios	320	5

Para el segundo año de operación del proyecto se requerirá de seis operarios y para el tercer año y siguientes siete operarios.

Para determinar el costo total de los sueldos y salarios considerar los siguientes conceptos:

Aporte a la Administración de fondos de pensiones por riesgo profesional	1,71%
Aporte a la Administración de fondos de pensiones pro vivienda	2,00%
Aporte al seguro de salud	10,00%
Previsión para aguinaldos (1 sueldo al año)	8,33% mensual
Previsión para indemnización (1 sueldo por año)	8,33% mensual

5. **Información para determinar el costo del capital accionario**

Tasa libre de riesgo:	4%
Rendimiento del mercado:	12%
Beta del sector:	1,25

a) Elaborar el plan de inversiones y estructura del financiamiento

b) Calcular el capital de trabajo neto en base al método de razones financieras, considerando que el requerimiento mínimo de efectivo es de 1% sobre las ventas anuales.

c) Elaborar las hojas de costo y la planilla de sueldos y salarios.

d) Elaborar el estado de resultados proyectado.

e) Determinar el costo del capital accionario (K_e) y el costo promedio ponderado del capital (WACC).

f) Elaborar el flujo de caja del proyecto en términos nominales considerando una tasa de inflación del 4% anual y calcular el valor actual neto, la tasa interna de retorno y el índice de rentabilidad.

g) Elaborar el flujo de caja del accionista en términos nominales considerando una tasa de inflación del 4% anual y calcular el valor actual neto, la tasa interna de retorno y el índice de rentabilidad.

h) Elaborar el balance general proyectado considerando que se distribuye el 70% de las utilidades netas como dividendos.

PLAN DE INVERSIONES Y ESTRUCTURA DEL FINANCIAMIENTO
En dólares americanos

Concepto	Cantidad	Precio unitario	Monto total	Crédito	Aporte propio	Otros financ.
INVERSIONES FIJAS						
Terreno	2.000 m²	5	10.000		10.000	
Obras civiles	370 m²	151,35	56.000	20.000	36.000	
Maquinaria y equipo	Global		86.500	30.000	56.500	
Muebles y enseres	Global		3.000		3.000	
Vehículos	1	18.000	18.000		18.000	
SUB TOTAL			173.500	50.000	123.500	0
INVERSIONES INTANGIBLES						
Gastos de puesta en marcha	Global		5.000		5.000	
SUB - TOTAL			5.000		5.000	
CAPITAL DE TRABAJO						
Capital de trabajo			81.849		47.290	34.559
SUB TOTAL			81.849		47.290	34.559
TOTAL			260.349	50.000	175.790	34.559
PORCENTAJE			100%	19,2%	67,5%	13,3%

Monto del préstamo 50.000
Plazo (Años) 5
Período de gracia (años) 1
Tasa de interés 8%
Amortización Anual
Tipo de amortización Cuota fija a capital

PLAN DE AMORTIZACIÓN
En dólares americanos

Período (Años)	Saldo préstamo	Capital	Interés	Capital e interés
1	50.000	0	4.000	4.000
2	50.000	12.500	4.000	16.500
3	37.500	12.500	3.000	15.500
4	25.000	12.500	2.000	14.500
5	12.500	12.500	1.000	13.500
		50.000	14.000	64.000

Capacidad máquina extrusora I 60.000 unidades/año
Capacidad máquina extrusora II 50.000 unidades/año
Tasa de inflación 4%

PRONOSTICO DE VENTAS
En dólares americanos

Detalle	Año 1	Año 2	Año 3	Año 4	Año 5
TUBERIAS PLASTICAS ½" (6 metros)					
% Utilización capacidad instalada	70%	80%	90%	100%	100%
Volumen de producción (unidades)	42.000	48.000	54.000	60.000	60.000
Precio de venta	4,00	4,16	4,33	4,50	4,68
SUB - TOTAL	168.000	199.680	233.626	269.967	280.766
TUBERIAS PLASTICAS ¾" (6 metros)					
% Utilización capacidad instalada	80%	90%	100%	100%	100%
Volumen de producción (unidades)	40.000	45.000	50.000	50.000	50.000
Precio de venta	5,50	5,72	5,95	6,19	6,43
SUB - TOTAL	220.000	257.400	297.440	309.338	321.711
INGRESO BRUTO POR VENTAS	388.000	457.080	531.066	579.305	602.477

HOJA DE COSTO
En dólares americanos

Producto:	Tuberias plasticas de ½" (6 metros)			Cantidad:	1 unidad
Concepto		Unidad	Cantidad	Costo unitario	Costo total
Materia prima e insumos					
P.V.C.		Kgr	1,20	1,80	2,16
Negro de humo		Kgr	0,005	2,00	0,01
				Costo total	2,17
				Costo unitario	2,17

HOJA DE COSTO
En dólares americanos

Producto:	Tuberias plasticas de ¾" (6 metros)			Cantidad:	1 unidad
Concepto		Unidad	Cantidad	Costo unitario	Costo total
Materia prima e insumos					
P.V.C.		Kgr	2,10	1,80	3,78
Negro de humo		Kgr	0,008	2,00	0,02
				Costo total	3,80
				Costo unitario	3,80

PLANILLA DE SUELDOS Y SALARIOS MENSUAL (1er año)
En dólares americanos

CARGO	HABER BÁSICO	NUMERO DE PERSONAS	TOTAL HABER BÁSICO	FONDO DE PENSIONES 1,71%	FONDO PRO-VIVIENDA 2,00%	SEGURO SALUD 10,00%	PREVISIÓN INDEMNIZ. 8,33%	PREVISIÓN AGUINALDO 8,33%	TOTAL APORTE PATRONAL 30,37%	COSTO TOTAL
Departamento de administración										
Gerente general	800	1	800	14	16	80	67	67	243	1.043
Secretaria	300	1	300	5	6	30	25	25	91	391
Contador	350	1	350	6	7	35	29	29	106	456
SUB TOTAL										1.890
Departamento de ventas										
Vendedores	300	2	600	10	12	60	50	50	182	782
SUB TOTAL										782
Departamento de producción										
Jefe de producción	400	1	400	7	8	40	33	33	121	521
Operarios	320	5	1.600	27	32	160	133	133	486	2.086
SUB TOTAL										2.607
TOTAL GENERAL										5.280

COSTO DE PRODUCCIÓN
En dólares americanos

Detalle	Año 1	Año 2	Año 3	Año 4	Año 5
TUBERIAS PLASTICAS DE ½"					
Volumen de producción (unidades)	42.000	48.000	54.000	60.000	60.000
Costo de producción unitario materia prima	2,17	2,26	2,35	2,44	2,54
TUBERIAS PLASTICAS DE ¾"					
Volumen de producción (unidades)	40.000	45.000	50.000	50.000	50.000
Costo de producción unitario materia prima	3,80	3,95	4,11	4,27	4,45
MATERIA PRIMA E INSUMOS	243.140	286.166	332.246	360.181	374.589
MANO DE OBRA DIRECTA					
Jefe de producción	6.258	6.508	6.768	7.039	7.321
Operarios	25.031	31.239	37.903	39.419	40.996
GASTOS INDIRECTOS DE FABRICACIÓN					
Energia electrica, agua (0,9278% s/ ventas)	3.600	4.241	4.927	5.375	5.590
Lubricantes y repuestos (0,3711% s/ ventas)	1.440	1.696	1.971	2.150	2.236
Mantenimiento	840	874	909	945	983
COSTO DE PRODUCCIÓN	**280.309**	**330.724**	**384.724**	**415.110**	**431.714**

Periodo de cobro	30 días
Período del inventario	60 días
Período de pago	45 días

REQUERIMIENTO DE CAPITAL DE TRABAJO
En dólares americanos

Detalle	Año 0	Año 1	Año 2	Año 3	Año 4	Año 5
Efectivo (1% sobre ventas)	3.880	3.880	4.571	5.311	5.793	6.025
Cuentas por cobrar	31.890	31.890	37.568	43.649	47.614	49.519
Inventarios	46.078	46.078	54.366	63.242	68.237	70.967
Cuentas por pagar	34.559	34.559	40.774	47.432	51.178	53.225
CAPITAL DE TRABAJO NETO	**47.290**	**47.290**	**55.730**	**64.770**	**70.466**	**73.285**
VARIACIONES EN EL CTN	**47.290**	**0**	**8.440**	**9.040**	**5.696**	**2.819**

GASTOS DE ADMINISTRACIÓN
En dólares americanos

Detalle	Año 1	Año 2	Año 3	Año 4	Año 5
Sueldos y salarios departamento administración	22.684	23.592	24.535	25.517	26.538
Gastos generales	960	998	1.038	1.080	1.123
Seguro	1.440	1.498	1.558	1.620	1.685
GASTOS DE ADMINISTRACIÓN	**25.084**	**26.088**	**27.131**	**28.217**	**29.345**

GASTOS DE COMERCIALIZACIÓN
En dólares americanos

Detalle	Año 1	Año 2	Año 3	Año 4	Año 5
Sueldos y salarios departamento de ventas	9.387	9.762	10.153	10.559	10.981
Comisiones sobre ventas (1% s/ ventas)	3.880	4.571	5.311	5.793	6.025
Publicidad y promoción (2% s/ ventas)	7.760	9.142	10.621	11.586	12.050
GASTOS DE COMERCIALIZACIÓN	**21.027**	**23.475**	**26.085**	**27.938**	**29.055**

CUADRO DE DEPRECIACIÓN DEL ACTIVO FIJO Y AMORTIZACIÓN DE ACTIVOS INTANGIBLES
En dólares americanos

Detalle	Valor activo fijo	Vida útil (Años)	Depreciación anual	Valor residual 5° Año	Valor de mercado 5° Año
INVERSIONES FIJAS					
Terreno	10.000		0	10.000	
Obras civiles	56.000	40	1.400	49.000	
Maquinaria y equipo	86.500	8	10.813	32.438	
Muebles y enseres	3.000	10	300	1.500	
Vehículos	18.000	5	3.600	0	
INVERSIONES INTANGIBLES	5.000	5	1.000	0	
TOTAL	**178.500**		**17.113**	**92.938**	

ESTADO DE RESULTADOS PROYECTADO
En dólares americanos

Detalle	Año 1	Año 2	Año 3	Año 4	Año 5
Ventas	388.000	457.080	531.066	579.305	602.477
(-) Costo de producción	280.309	330.724	384.724	415.110	431.714
(-) Gastos de administración	25.084	26.088	27.131	28.217	29.345
(-) Gastos de comercialización	21.027	23.475	26.085	27.938	29.055
(-) Depreciación y amortización	17.113	17.113	17.113	17.113	17.113
E.B.I.T.	44.468	59.681	76.013	90.929	95.250
(-) Intereses	4.000	4.000	3.000	2.000	1.000
E.B.T.	40.468	55.681	73.013	88.929	94.250
(-) Impuesto a las utilidades 25%	10.117	13.920	18.253	22.232	23.563
Utilidad neta	30.351	41.761	54.760	66.696	70.688

DETERMINACIÓN DEL COSTO DEL CAPITAL ACCIONARIO

$R_f = 4\%$

$R_m = 12\%$

$\beta = 1,25$

$R_e = R_f + \beta (R_m - R_f) = 4\% + 1,25(12\% - 4\%) = 14\%$

DETERMINACIÓN DEL COSTO PROMEDIO PONDERADO DEL CAPITAL

$D = 50.000$

$E = 175.790$

$D + E = 225.790$

$K_d = 8\%$

$K_e = 14\%$

$t_x = 25\%$

$$WACC = \frac{E}{D + E} \; K_e \; + \; \frac{D}{D + E} \; K_d \; (1 - t_x)$$

$$WACC = \frac{175.790}{225.790} \; 14\% \; + \; \frac{50.000}{225.790} \; 8\% \; (1 - 0,25)$$

$$\boxed{WACC = \quad 12,23\%}$$

FLUJO DE CAJA DEL PROYECTO
En dólares americanos

Detalle	Año 0	Año 1	Año 2	Año 3	Año 4	Año 5
E.B.I.T.		44.468	59.681	76.013	90.929	95.250
(+) Depreciación y amortización		17.113	17.113	17.113	17.113	17.113
(-) Impuesto a las utilidades		-11.117	-14.920	-19.003	-22.732	-23.813
(-) Inversión fija	-173.500					
(-) Inversión intangible	-5.000					
(-) Variaciones en el CTN	-47.290	0	-8.440	-9.040	-5.696	-2.819
(+) Valor residual inversión fija						92.938
(+) Recuperación CTN						73.285
FLUJO DE CAJA DEL PROYECTO	**-225.790**	**50.463**	**53.433**	**65.082**	**79.613**	**251.954**

VAN (12,23%) = 99.341

TIR = 24,55%

INDICE DE RENTABILIDAD (12,23%) = 1,44

FLUJO DE CAJA DEL ACCIONISTA
En dólares americanos

Detalle	Año 0	Año 1	Año 2	Año 3	Año 4	Año 5
Utilidad neta		30.351	41.761	54.760	66.696	70.688
(+) Depreciación y amortización		17.113	17.113	17.113	17.113	17.113
(-) Inversión fija	-173.500					
(-) Inversión intangible	-5.000					
(-) Variaciones en el CTN	-47.290	0	-8.440	-9.040	-5.696	-2.819
(+) Préstamo	50.000					
(-) Amortización prestamo		0	-12.500	-12.500	-12.500	-12.500
(+) Valor residual inversión fija						92.938
(+) Recuperación CTN						73.285
FLUJO DE CAJA DEL ACCIONISTA	**-175.790**	**47.463**	**37.933**	**50.332**	**65.613**	**238.704**

VAN (14%) = 91.829

TIR = 28,51%

INDICE DE RENTABILIDAD (14%) = 1,52

FUENTES Y USOS DE FONDOS
En dólares americanos

Detalle	Año 0	Año 1	Año 2	Año 3	Año 4	Año 5
FUENTES						
Ventas		388.000	457.080	531.066	579.305	602.477
Préstamo	50.000					
Aporte propio	175.790					
TOTAL FUENTES	**225.790**	**388.000**	**457.080**	**531.066**	**579.305**	**602.477**
USOS						
Inversiones fijas	173.500					
Inversiones intangibles	5.000					
Capital de trabajo	47.290	0	8.440	9.040	5.696	2.819
Costo de producción		280.309	330.724	384.724	415.110	431.714
Gastos de administración		25.084	26.088	27.131	28.217	29.345
Gastos de comercialización		21.027	23.475	26.085	27.938	29.055
Intereses		4.000	4.000	3.000	2.000	1.000
Amortización préstamo		0	12.500	12.500	12.500	12.500
Impuesto a las utilidades		10.117	13.920	18.253	22.232	23.563
Dividendos		21.246	29.233	38.332	46.687	49.481
TOTAL USOS	**225.790**	**361.782**	**448.380**	**519.065**	**560.380**	**579.477**
EXCEDENTE/DEFICIT	**0**	**26.218**	**8.700**	**12.000**	**18.925**	**23.000**
SALDO ACUMULADO	**0**	**26.218**	**34.918**	**46.918**	**65.844**	**88.844**

BALANCE GENERAL PROYECTADO
En dólares americanos

Detalle	Año 0	Año 1	Año 2	Año 3	Año 4	Año 5
ACTIVO						
CIRCULANTE						
Efectivo		26.218	34.918	46.918	65.844	88.844
Efectivo mínimo	3.880	3.880	4.571	5.311	5.793	6.025
Cuentas por cobrar	31.890	31.890	37.568	43.649	47.614	49.519
Inventarios	46.078	46.078	54.366	63.242	68.237	70.967
TOTAL ACTIVO CIRCULANTE	81.849	108.066	131.423	159.121	187.488	215.354
FIJO E INTANGIBLE						
Activo fijo bruto	178.500	178.500	178.500	178.500	178.500	178.500
(-) Depreciación acumulada	0	17.113	34.225	51.338	68.450	85.563
ACTIVO FIJO NETO	178.500	161.388	144.275	127.163	110.050	92.938
TOTAL ACTIVO	**260.349**	**269.454**	**275.698**	**286.283**	**297.538**	**308.292**
PASIVO						
CIRCULANTE						
Cuentas por pagar	34.559	34.559	40.774	47.432	51.178	53.225
PASIVO LARGO PLAZO						
Prestamos bancarios largo plazo	50.000	50.000	37.500	25.000	12.500	0
TOTAL PASIVO	84.559	84.559	78.274	72.432	63.678	53.225
PATRIMONIO NETO						
Capital	175.790	175.790	175.790	175.790	175.790	175.790
Utilidades acumuladas	0	9.105	21.633	38.061	58.070	79.277
TOTAL PATRIMONIO NETO	175.790	184.895	197.423	213.851	233.860	255.067
TOTAL PASIVO Y PATRIMONIO	**260.349**	**269.454**	**275.698**	**286.283**	**297.538**	**308.292**

Preguntas y problemas

1. **Cálculo del costo del capital accionario**

   Assarela S.A. acaba de pagar un dividendo de US$ 2,75 por acción común y proyecta mantener una tasa de crecimiento de dividendos de 5% en forma indefinida. Si las acciones actualmente tienen un valor de mercado de US$ 42, determinar el costo del capital accionario de la empresa.

2. **Cálculo del costo del capital accionario**

   Las acciones de la empresa Shak S.A. tiene un beta de 1,32, la tasa libre de riesgo es 3,5% y el rendimiento esperado del mercado es 15%. Determinar el costo del capital accionario.

3. **Cálculo del costo promedio ponderado del capital**

   Swop S.A. tiene una estructura de capital fijada como meta de 65% de acciones comunes y 35% de deuda. El costo del capital accionario es 16,5% y el de la deuda 8,5%. La tasa impositiva es 25%. Determinar el costo promedio ponderado del capital.

4. **Estructura de capital fijada como meta**

   Jancek S.A. tiene un costo promedio ponderado del capital de 11,53%. El costo del capital accionario es 14% y el costo de la deuda 10%. La tasa impositiva es 25%. Determinar la razón de deuda a capital fijado como meta.

8 La inflación en la evaluación de proyectos

En este capítulo veremos el tratamiento de la inflación en la evaluación económica financiera de proyectos, término con el que nos referimos al incremento general y sostenido del nivel de precios de una economía.

8.1. Flujos de caja nominales y flujos de caja reales

Los flujos de caja de un proyecto se pueden expresar en términos nominales o en términos reales. Un flujo de caja nominal refleja el verdadero importe que se recibirá en el futuro. Un flujo de caja real expresa el poder adquisitivo del flujo de caja.

Los flujos de caja nominales se deben descontar con tasas nominales y los flujos de caja reales se deben descontar con tasas reales.

En el capítulo 8 vimos que las tasas de interés nominales y las tasas de interés reales se relacionan de la siguiente manera:

(1 + Tasa interés nominal) = (1 + Tasa interés real) x (1 + Tasa inflación)

Un proyecto se puede elaborar con flujos nominales o flujos reales, llegando en ambos casos al mismo resultado, como se demuestra en los ejemplos 8.1 y 8.2.

Ejemplo 8.1. Flujos de caja nominal y real

Se ha establecido los siguientes flujos de caja nominales de un proyecto en estudio:

	Año 0	Año 1	Año 2	Año 3
Flujo de caja nominal	-10.000	4.000	5.000	6.000

La tasa de interés nominal es 12% y se ha proyectado que la tasa de inflación será 5%. Determinar el valor actual neto del proyecto.

El valor actual neto del flujo de caja nominal descontado a la tasa nominal del 12% es:

$$VAN\ (12\%) = -10.000 + \frac{4.000}{1,12} + \frac{5.000}{(1,12)^2} + \frac{6.000}{(1,12)^3}$$

$$VAN\ (12\%) = 1.828,08$$

El flujo de caja real del año n se obtiene dividiendo el flujo de cada año entre uno mas la tasa de inflación elevada a la potencia n, es decir dividiendo entre 1,05 en el año 1, entre $(1,05)^2$ en el año 2 y entre $(1,05)^3$ en el año 3.

	Año 0	Año 1	Año 2	Año 3
Flujo de caja real	-10.000	3.810	4.535	5.183

La tasa de interés real se determina de la siguiente manera:

$$\text{Tasa de interes real} = \frac{1,12}{1,05} - 1 = 6,66667\%$$

El valor actual neto del flujo de caja real descontado a la tasa real del 6,66667% es:

$$\text{VAN (6,66667\%)} = -10.000 + \frac{3.810}{1,0666667} + \frac{4.535}{(1,0666667)^2} + \frac{5.183}{(1,0666667)^3}$$

$$\text{VAN (6,66667\%)} = 1.828,08$$

El valor actual neto es el mismo ya sea que los flujos de caja se expresen en términos nominales o reales.

Ejemplo 8.2. ## Flujos de caja nominal y real

Mertex S.A. esta evaluando una nueva línea de producción que requiere una inversión fija de US$ 300.000, la cual tiene una vida útil de 8 años.

- El programa de producción proyectado es el siguiente:

	Año 1	Año 2	Año 3	Año 4
Volumen de producción (unidades)	12.000	13.000	14.000	15.000

- El precio de venta unitario real es de US$ 20, el costo variable unitario real es de US$ 12 y el costo fijo anual real US$ 18.000.
- Se pronostica que la tasa de inflación será de 4% anual durante los próximos cuatro años.
- La tasa del impuesto a las utilidades es 25% y el rendimiento requerido en términos nominales es 15%.

Determinar el flujo de caja del proyecto en términos nominales y en términos reales y hallar el valor actual neto y la tasa interna de retorno.

Enfoque en términos nominales

El ingreso bruto por ventas de cada periodo se determina multiplicando el volumen de producción proyectado por el precio de venta unitario de cada periodo. El precio real de US$ 20 es el precio en el año cero. Para determinar el precio en el año 1 se multiplica US$ 20 por (1 + inflación), es decir por 1,04. Para determinar el precio del año 2 se multiplica el precio del año 1 por 1,04 y así sucesivamente. Alternativamente se puede calcular el precio de cada año de la siguiente manera:

Año 1 $20 \times 1,04$
Año 2 $20 \times 1,04^2$
Año 3 $20 \times 1,04^3$
Año 4 $20 \times 1,04^4$

PRONOSTICO DE VENTAS

En dólares americanos

Concepto	Año 1	Año 2	Año 3	Año 4
Volumen de producción (Unidades)	12.000	13.000	14.000	15.000
Precio de venta unitario	20,8	21,6	22,5	23,4
Ingreso bruto por ventas	**249.600**	**281.216**	**314.962**	**350.958**

El costo variable total de cada periodo se calcula de la misma manera, se multiplica el volumen de producción proyectado por el costo variable unitario. El costo variable unitario del año 1 se calcula multiplicando US$ 12 por 1,04. Para el año 2 se multiplica el precio del año 1 por 1,04 y así sucesivamente para los años siguientes.

COSTO VARIABLE

En dólares americanos

Concepto	Año 1	Año 2	Año 3	Año 4
Volumen de producción (Unidades)	12.000	13.000	14.000	15.000
Costo variable unitario	12,5	13,0	13,5	14,0
Costo variable total	**149.760**	**168.730**	**188.977**	**210.575**

Para elaborar el estado de resultados se debe incluir el costo fijo y la depreciación. El costo fijo del año 1 se calcula multiplicando el costo fijo real de US$ 18.000 por 1,04, para el año 2 se multiplica el costo fijo del año 1 por 1,04 y así sucesivamente para los siguientes años. La depreciación como es un valor nominal se calcula dividiendo la inversión fija entre su vida útil, importe que asciende a US$ 37.500 que se mantiene en todos los años.

ESTADO DE RESULTADOS PROYECTADO

En dólares americanos

Concepto	Año 1	Año 2	Año 3	Año 4
Ingreso por ventas	249.600	281.216	314.962	350.958
(-) Costo variable	149.760	168.730	188.977	210.575
(-) Costo fijo	18.720	19.469	20.248	21.057
(-) Depreciación	37.500	37.500	37.500	37.500
EBIT	43.620	55.518	68.237	81.826
(-) Impuestos (25%)	10.905	13.879	17.059	20.456
Utilidad neta	32.715	41.638	51.178	61.369

Para elaborar el flujo de caja del proyecto se debe añadir el valor residual al final del periodo, importe que se calcula restando de la inversión fija la depreciación acumulada por los cuatro años. Para determinar el valor actual neto se utiliza como tasa de descuento la tasa nominal del 15%.

FLUJO DE CAJA DEL PROYECTO

En dólares americanos

Concepto	Año 0	Año 1	Año 2	Año 3	Año 4
EBIT		43.620	55.518	68.237	81.826
(+) Depreciación		37.500	37.500	37.500	37.500
(-) Impuestos		-10.905	-13.879	-17.059	-20.456
Inversión fija	-300.000				
Valor residual					150.000
Flujo de caja del proyecto	**-300.000**	**70.215**	**79.138**	**88.678**	**248.869**

VAN (15%) = 21.495

TIR = 17,82%

Enfoque en términos reales

Para determinar el ingreso bruto se multiplica el volumen de producción proyectado por el precio de venta real estimado de US$ 20 que se mantiene en los cuatro años proyectados.

PRONOSTICO DE VENTAS
En dólares americanos

Concepto	Año 1	Año 2	Año 3	Año 4
Volumen de producción (Unidades)	12.000	13.000	14.000	15.000
Precio de venta unitario	20,0	20,0	20,0	20,0
Ingreso bruto por ventas	**240.000**	**260.000**	**280.000**	**300.000**

Para determinar el costo variable total se multiplica el volumen de producción por el costo variable unitario real, que también se mantiene en todos los años.

COSTO VARIABLE
En dólares americanos

Concepto	Año 1	Año 2	Año 3	Año 4
Volumen de producción (Unidades)	12.000	13.000	14.000	15.000
Costo variable unitario	12,0	12,0	12,0	12,0
Costo variable total	**144.000**	**156.000**	**168.000**	**180.000**

En el estado de resultados se incluye el costo fijo real de US$ 18.000 que se mantiene constante en todos los años. La depreciación debe ajustarse en términos reales dividiendo la depreciación de cada periodo en términos nominales entre uno mas la tasa de inflación elevada a la potencia n. Es decir para el año 1 la depreciación nominal de US$ 37.500 se divide entre (1,04), en el año 2 la depreciación nominal de US$ 37.500 se divide entre $(1,04)^2$ y así sucesivamente para los años siguientes.

ESTADO DE RESULTADOS PROYECTADO
En dólares americanos

Concepto	Año 1	Año 2	Año 3	Año 4
Ingreso por ventas	240.000	260.000	280.000	300.000
(-) Costo variable	144.000	156.000	168.000	180.000
(-) Costo fijo	18.000	18.000	18.000	18.000
(-) Depreciación	36.058	34.671	33.337	32.055
EBIT	41.942	51.329	60.663	69.945
(-) Impuestos (25%)	10.486	12.832	15.166	17.486
Utilidad neta	31.457	38.497	45.497	52.459

En el flujo de caja del proyecto se debe añadir el valor residual en términos reales, importe que se calcula dividiendo el valor residual nominal de US$ 150.000 entre $(1,04)^4$. El valor actual neto se calcula utilizando como tasa de descuento el rendimiento requerido real, que se calcula de la siguiente manera:

$$\text{Tasa real} = \frac{(1 + \text{Tasa nominal})}{(1 + \text{inflación})} - 1$$

$$\text{Tasa real} = \frac{(1 + 0,15)}{(1 + 0,04)} - 1$$

$$\text{Tasa real} = 10,58\%$$

FLUJO DE CAJA DEL PROYECTO

En dólares americanos

Concepto	Año 0	Año 1	Año 2	Año 3	Año 4
EBIT		41.942	51.329	60.663	69.945
(+) Depreciación		36.058	34.671	33.337	32.055
(-) Impuestos		-10.486	-12.832	-15.166	-17.486
Inversión fija	-300.000				
Valor residual					128.221
Flujo de caja del proyecto	**-300.000**	**67.514**	**73.168**	**78.834**	**212.734**

VAN (10,58%) = 21.495

TIR = 13,29%

El valor actual neto calculado con valores reales es exactamente el mismo que se determinó con valores nominales.

Con flujos nominales se determinó una tasa interna de retorno nominal de 17,82% y con flujos reales se ha determinado una tasa interna de retorno real de 13,29%. La relación que existe entre ambos resultados es la siguiente:

$$TIR_{real} = \frac{(1 + TIR_{nominal})}{(1 + inflación)} - 1$$

$$TIR_{real} = \frac{(1 + 0,1782)}{(1 + 0,04)} - 1$$

$$TIR_{real} = 13,29\%$$

Preguntas y problemas

1. **Flujo de caja nominal y flujo de caja real**

   Considere los siguientes flujos de caja de dos proyectos mutuamente excluyentes:

Año	Flujo de caja Proyecto A	Flujo de caja Proyecto B
0	-40.000	-50.000
1	20.000	10.000
2	15.000	20.000
3	15.000	40.000

   Los flujos de caja del proyecto A se expresan en términos reales, mientras que los del proyecto B se expresan en términos nominales. El rendimiento requerido nominal es 15% y la tasa de inflación es 4%. Que proyecto se debe elegir?

2. **Flujo de caja nominal y flujo de caja real**

   Etonic Corp. considera invertir US$ 280.000 en un proyecto con una vida económica de cinco años. La empresa estima que los ingresos por ventas anuales en términos nominales será US$ 210.000 y el costo de ventas y gastos de operación nominales US$ 98.000. Se estima que el valor de mercado de la inversión fija al final de su vida económica será de US$ 30.000 en términos nominales. El capital de trabajo neto requerido es de US$ 10.000. La tasa de inflación es 3%, la tasa impositiva 25% y el rendimiento requerido nominal 15%. Evaluar el proyecto con flujos de cajas nominales y reales. Se debería aceptar el proyecto?

9   Evaluación de proyectos especiales

En este capítulo analizaremos casos especiales de evaluación de proyectos, como la elección de proyectos alternativos, proyectos de reducción de costos, análisis de precios de venta y proyectos con horizontes diferentes.

9.1.   Proyectos con flujos de caja no convencionales

Un flujo de caja no es convencional cuando existen flujos positivos y negativos que se intercalan.

Un proyecto que tenga flujos de caja no convencionales se debe evaluar con el criterio del valor actual neto y no con la tasa interna de retorno, ya que como se expuso en el capítulo 3 se obtienen varias tasas internas de retorno dependiendo del número de veces que cambian de signos los flujos de caja, pudiéndose obtener una TIR mayor al rendimiento requerido con VAN negativo.

9.2.   Proyectos mutuamente excluyentes

Dos proyectos son mutuamente excluyentes, si emprender uno de ellos significa que no podemos emprender el otro.

Una primera situación que se puede presentar es que ambos proyectos tengan la misma inversión. En estos casos se debe utilizar el criterio del valor actual neto y no la tasa interna de retorno, ya que podría darse que uno de los proyectos tenga una TIR mayor pero un VAN menor. En estos casos es necesario graficar el VAN de ambas alternativas ya que generalmente las curvas tienen distinta pendiente, resultando que en algunos tramos un proyecto puede tener un VAN mayor que el otro proyecto y en otro tramo ser al contrario.

Otra situación que se puede presentar es que los proyectos tengan escalas diferentes, es decir que tengan inversiones diferentes. Existen tres maneras de evaluar estos proyectos:

- Calcular el valor actual neto de ambas alternativas y elegir el que tenga el mayor valor.

- Calcular el flujo de caja incremental y determinar el VAN incremental, si es mayor a cero aceptar el proyecto con mayor inversión.

- Calcular el flujo de caja incremental, determinar la TIR incremental y comparar con el rendimiento requerido, si es mayor aceptar el proyecto con mayor inversión.

Proyectos mutuamente excluyentes con escalas diferentes

Se cuenta con los siguientes proyectos mutuamente excluyentes.

Año	Proyecto A	Proyecto B
0	-10.000	-20.000
1	20.000	35.000

Si el rendimiento requerido es 10% que proyecto elegiría?
El proyecto se puede evaluar de tres formas.

- **Calcular el VAN de las dos alternativas y elegir el que tenga el mayor valor.**

$$VAN_A = -10.000 + \frac{20.000}{1,10} = 8.182 \qquad TIR_A = 100\%$$

$$VAN_B = -20.000 + \frac{35.000}{1,10} = 11.818 \qquad TIR_B = 75\%$$

El proyecto A tiene una mayor TIR y el proyecto B un mayor VAN. Se debería elegir el proyecto B.

- **Calcular los flujos de caja incrementales y determinar el VAN incremental, si es mayor a cero aceptar la inversión mayor.**

Año	Proyecto A	Proyecto B	FC Increm.
0	-10.000	-20.000	-10.000
1	20.000	35.000	15.000

$$VAN = -10.000 + \frac{15.000}{1,10} = 3.636 > 0$$

El VAN incremental es mayor a cero, por lo que se debería elegir el proyecto B.

- **Calcular los flujos de caja incrementales, determinar la TIR incremental y comparar con la tasa de descuento, si es mayor aceptar la inversión mayor.**

Año	Proyecto A	Proyecto B	FC Increm.
0	-10.000	-20.000	-10.000
1	20.000	35.000	15.000
		TIR =	50% > 10%

La TIR incremental es mayor al rendimiento requerido, se debería elegir el proyecto B.

Los tres enfoques llevan a la misma decisión.

9.3. Proyectos independientes con restricciones de capital

Un proyecto independiente es aquel cuya aceptación o rechazo es independiente de la aceptación o rechazo de otros proyectos. Una empresa debería aceptar todos los proyectos independientes que tengan un VAN positivo.

Si una empresa tuviera varios proyectos independientes con VAN positivo y no tuviera suficiente capital para financiarlos, debe utilizar el criterio del índice de rentabilidad.

Ejemplo 9.2. Proyectos con restricciones de capital

Una empresa cuenta con US$ 20.000 para invertir en las siguientes alternativas de inversión:

Año	Proyecto A	Proyecto B	Proyecto C
0	-20.000	-10.000	-10.000
1	30.000	8.000	-2.000
2	8.000	15.000	25.000

El rendimiento requerido es 12%.

$VAN_A(12\%) = 13.163$ $TIR_A = 73\%$ $IR_A = 1,66$

$VAN_B(12\%) = 9.101$ $TIR_B = 69\%$ $IR_B = 1,91$

$VAN_C(12\%) = 8.144$ $TIR_C = 48\%$ $IR_C = 1,81$

El proyecto A tiene la mayor tasa interna de retorno pero tiene el menor índice de rentabilidad.

En este caso se debe elegir los proyectos B y C porque tiene los mayores índices de rentabilidad.

Esto también es evidente si sumamos el VAN de los proyectos B y C, que es mayor al VAN del proyecto A.

$$VAN_{B,C}(12\%) = 17.245$$

9.4. Proyectos de reducción de costos

Una decisión común a la que se enfrentan las empresas es si debería reemplazar o sustituir sus activos para reducir sus costos.

En estos casos la decisión dependerá de si los ahorros en costos son los suficientes para justificar las nuevas inversiones.

Para ver como se analiza estos proyectos vamos a considerar una empresa que pretende automatizar su planta industrial, para lo cual necesita efectuar una inversión de US$ 100.000. Esta automatización le permitirá ahorrar US$ 28.000 por año. La inversión requerida tiene una vida útil de cinco años y se estima que tendrá un valor de

US$ 30.000 dentro de cinco años. La tasa del impuesto a las utilidades es 25% y el rendimiento requerido 12%.

Como la inversión requerida asciende a US$ 100.000 y su vida útil es de cinco años, la depreciación anual es US$ 20.000.

Como el valor en libros de la inversión al cabo de los cinco años será de cero, el valor residual o valor de salvamento después de impuestos será US$ 30.000 x (1 – 0,25) = US$ 22.500.

El flujo de caja de operación lo podemos calcular de dos maneras.

Enfoque EBIT:

La utilidad antes de intereses e impuestos (EBIT) será igual al ahorro en costos menos la depreciación, es decir US$ 28.000 – US$ 20.000 = US$ 8.000, de manera que el flujo de caja de operación será:

E.B.I.T.	8.000
(+) Depreciación	20.000
(-) Impuestos (25% sobre EBIT)	2.000
Flujo de caja de operación	26.000

Enfoque protección fiscal:

Ahorro en costos despues impuestos:	28.000 (1 - 0,25)	=	21.000
(+) Protección fiscal de la depreciación:	20.000 x 0,25	=	5.000
Flujo de caja de operación			26.000

El flujo de caja y el VAN del proyecto será:

FLUJO DE CAJA DEL PROYECTO
En dólares americanos

	0	1	2	3	4	5
Flujo de caja de operación		26.000	26.000	26.000	26.000	26.000
Inversiones fijas	-100.000					22.500
Flujo de caja del proyecto	**-100.000**	**26.000**	**26.000**	**26.000**	**26.000**	**48.500**

$$\text{VAN }(12\%) = -100.000 + 26.000\,\frac{1-(1,12)^{-4}}{0,12} + \frac{48.500}{(1,12)^{5}}$$

VAN (12%) = 6.491

Como el VAN es mayor a cero se debería aprobar la automatización de la planta industrial.

Ejemplo 9.3. Proyecto de reducción de costos

Una empresa pretende adquirir un sistema para modernizar su proceso productivo, cuyo costo es de US$ 180.000. El equipo tiene una vida útil de cinco años. Se estima que el equipo tendrá un valor de US$ 25.000 al final de su vida económica. El sistema permitirá ahorrar US$ 50.000. El sistema permitirá mantener un menor nivel de inventarios, estimado en US$ 32.000.-. Si la tasa del impuesto a las utilidades es 25% y el rendimiento requerido es 14%, convendrá efectuar la inversión?

Datos:

Inversión fija: US$ 180.000

Vida útil: 5 años

Depreciación: US$ 180.000 / 5 = US$ 36.000

Ahorro en costos: US$ 50.000

Tasa impositiva: 25%

E.B.I.T. = 50.000 – 36.000 = 14.000

Valor residual = 25.000 (1 – 0,25) = 18.750

Cálculo del flujo de caja de operación:

Enfoque EBIT:

E.B.I.T.	14.000
(+) Depreciación	36.000
(-) Impuestos(25% sobre EBIT)	3.500
Flujo de caja de operación	46.500

Enfoque protección fiscal:

Ahorro en costos despues de impuestos: 50.000 x (1 - 0,25) =	37.500
(+) Protección fiscal de la depreciación: 36.000 x 0,25 =	9.000
Flujo de caja de operación	46.500

Para elaborar el flujo de caja del proyecto tenemos que considerar las variaciones en el capital de trabajo neto. Como el sistema permitirá reducir el nivel de inventarios en US$ 32.000, se tiene que consignar este flujo con signo positivo en el año 0 y con signo negativo al final de la vida del proyecto. El flujo de caja del proyecto sería el siguiente:

FLUJO DE CAJA DEL PROYECTO
En dólares americanos

	0	1	2	3	4	5
Flujo de caja de operación		46.500	46.500	46.500	46.500	46.500
Inversiones fijas	-180.000					18.750
Variaciones en el CTN	32.000					-32.000
Flujo de caja del proyecto	**-148.000**	**46.500**	**46.500**	**46.500**	**46.500**	**33.250**

VAN (14%) = 4.757

La inversión es conveniente.

9.5.   Análisis de precios de venta

Existen situaciones en las que una empresa debe presentar una oferta competitiva para ganar un contrato. La empresa que se adjudique el contrato será quien presente la oferta mas baja.

Para ver como se procede para fijar el precio de un producto o servicio vamos a considerar una convocatoria para proveer 1.000 unidades anuales de un producto durante cuatro años. Para fabricar este producto una empresa requiere inversiones en maquinaria y equipo por US$ 80.000, la cual tiene una vida útil de ocho años. El requerimiento de capital de trabajo asciende a US$ 18.000. El costo variable por unidad es de US$ 6 y el costo del alquiler de las instalaciones y otros costos fijos asciende a US$ 21.500 por año. La tasa impositiva es 25% y el rendimiento requerido 15%.

En este caso se trata de determinar el precio mínimo que tendría que ofertar la empresa para adjudicarse el contrato.

Datos:

Proveer 1.000 unidades/año durante 4 años

Inversión fija:	US$ 80.000
Vida útil:	8 años
Depreciación anual: (US$ 80.000 / 8):	US$ 10.000
Valor residual:	US$ 40.000
Capital de trabajo:	US$ 18.000
Costo variable unitario:	US$ 6
Costo variable total anual:	US$ 6.000
Costo fijo anual:	US$ 21.500
Costo total anual:	US$ 27.500

El flujo de caja del proyecto sería el siguiente, donde la incógnita es el flujo de caja de operación:

FLUJO DE CAJA DEL PROYECTO
En dólares americanos

	0	1	2	3	4
Flujo de caja de operación		FCO	FCO	FCO	FCO
Inversiones fijas	-80.000				40.000
Capital de trabajo	-18.000				18.000
Flujo de caja del proyecto	**-98.000**	**FCO**	**FCO**	**FCO**	**FCO+58.000**
Flujo de caja del proyecto	**-64.838**	**FCO**	**FCO**	**FCO**	**FCO**

Primero se debe calcular el valor presente de US$ 58.000 del año 5 y sumar a la inversión

$$58.000 / (1,15)^4 = 33.162$$

$$- \ 98.000 + 33.162 = -64.838$$

El precio mas bajo posible será aquel que resulte un VAN igual a cero al 15%.

$$VAN \ (15\%) = \ -64.838 \ + \ FCO \ \frac{1 - (1,15)^{-4}}{0,15} = 0$$

$$FCO = 22.711$$

Determinado el flujo de caja de operaciones podemos obtener la utilidad neta:

$$FCO = Utilidad \ neta + Depreciación$$
$$22.711 = Utilidad \ neta + 10.000$$
$$Utilidad \ neta = 12.711$$

Determinada la utilidad neta podemos obtener las ventas:

$$Utilidad \ neta = (Ventas - Costos - Depreciación) \times (1 - t_x)$$
$$12.711 = (Ventas - 27.500 - 10.000) \times (1 - 0,25)$$
$$Ventas = 54.448$$

Determinada las ventas podemos obtener el precio de venta:

$$Ventas = Precio \times Cantidad$$
$$54.448 = Precio \times 1.000$$
$$Precio = 54,45$$

La empresa tendría que fijar un precio de US$ 54,45 para tener un VAN igual a cero, es decir para recuperar la inversión y obtener un rendimiento del 15%.

Este resultado también se lo puede obtener utilizando la formula del punto de equilibrio financiero en términos de unidades físicas.

$$PEF = \dfrac{CF + \dfrac{FCO - DEP}{1 - t_x}}{p - cv}$$

$$1.000 = \dfrac{31.500 + \dfrac{22.711 - 10.000}{1 - 0,25}}{p - 6}$$

$$1.000\,p - 6.000 = 31.500 + 16.948$$

$$1.000\,p = 54.448$$

$$p = 54,45$$

9.6.　　Proyectos con horizontes diferentes

Existen situaciones en las que se tiene que elegir proyectos con diferente vida útil. Veremos como se analizan estos proyectos asumiendo que las inversiones que necesitará el proyecto será por un lapso indefinido, es decir que cuando el equipo se haya consumido se comprará otro para reemplazarlo con uno nuevo.

Al analizar proyectos con horizontes diferentes, el objetivo es elegir aquella inversión que sea más eficiente desde el punto de vista de los costos.

Para analizar estos casos vamos a considerar una empresa que esta evaluando la compra de dos máquinas con horizontes diferentes, cuya información es la siguiente:

	Máquina A	Maquina B
Costo de adquisición	90.000	120.000
Costo de operación anual	9.000	6.500
Vida util	2 años	3 años

Si el rendimiento requerido es 12%, cual de las máquinas deberíamos elegir?

Si calculamos el valor presente de los costos, que como tales tienen que tener signos negativos, tendremos:

$$VP_A = -90.000 - 9.000\,\dfrac{1 - (1,12)^{-2}}{0,12} = -105.210$$

$$VP_B = -120.000 - 6.500\,\dfrac{1 - (1,12)^{-3}}{0,12} = -135.612$$

Parecería que la máquina A es más conveniente porque el valor presente de los costos es inferior. Sin embargo, la máquina A proporciona dos años de servicio por un costo de US$ 105.210, mientras que la máquina B proporciona tres años de servicio con un costo de US$ 136.612.

Estos costos no son comparables debido a la diferencia entre los períodos de servicio. Necesitamos calcular un costo por año de estas dos opciones. Esta cantidad recibe el nombre de costo anual equivalente que lo simbolizaremos con CAE. El costo anual equivalente implica determinar el costo anual a lo largo de la vida de una inversión que tiene el mismo valor presente que los costos.

En el caso de la máquina A necesitamos encontrar una anualidad a dos años con un valor presente de - 105.210 a una tasa del 12%. En el caso de la máquina B necesitamos encontrar el monto de una anualidad a tres años con un valor presente de - 135.612 a una tasa del 12%.

$$VP_{Costos} = CAE \ \frac{1-(1+i)^{-n}}{i}$$

$$CAE = \frac{VP_{costos}}{\frac{1-(1+i)^{-n}}{i}}$$

$$CAE_A = \frac{-105.210}{\frac{1-1,12^{-2}}{0,12}}$$

$$CAE_B = \frac{-135.612}{\frac{1-1,12^{-3}}{0,12}}$$

$$CAE_A = -62.253$$

$$CAE_B = -56.462$$

Se debería optar por la máquina B porque tiene un costo de US$ 56.462 por año, mientras que la máquina A tienen un costo anual de US$ 62.253.

En el ejemplo 9.4 se analiza un caso incorporando los impuestos.

Ejemplo 9.4. Proyectos con horizontes diferentes

A continuación se presenta información de dos alternativas de inversión de una empresa.

	Monto de la inversión	Costo de operación anual	Vida util
Sistema AT	88.000	5.000	5 años
Sistema XT	120.000	1.000	8 años

Que opción se debería elegir si la tasa impositiva es 25% y el rendimiento requerido 10%?

El flujo de caja de operación y el flujo de caja del proyecto de ambas alternativas son los siguientes:

	Sistema AT		Sistema XT	
Costo operación despues de impuestos:	- 5.000 x (1 - 0,25) =	-3.750	- 1.000 x (1 - 0,25) =	-750
Protección de la depreciación:	(88.000 / 5) x 0,25 =	4.400	(120.000 / 8) x 0,25 =	3.750
Flujo de caja de operación		650		3.000

FLUJO DE CAJA DEL PROYECTO - SISTEMA AT
En dólares americanos

	0	1	2	3	4	5	6	7	8
Flujo de caja	-88.000	650	650	650	650	650			

VAN (10%) = -85.536

FLUJO DE CAJA DEL PROYECTO - SISTEMA XT
En dólares americanos

	0	1	2	3	4	5	6	7	8
Flujo de caja	-120.000	3.000	3.000	3.000	3.000	3.000	3.000	3.000	3.000

VAN (10%) = -103.995

$$CAE_{AT} = \frac{-85.536}{\frac{1 - 1,10^{-5}}{0,10}}$$

$$CAE_{XT} = \frac{-103.995}{\frac{1 - 1,10^{-8}}{0,10}}$$

$$CAE_{AT} = -22.564$$

$$CAE_{XT} = -19.493$$

El sistema XT es más conveniente porque tiene un menor costo anual.

Preguntas y problemas

1. **Evaluación de proyectos de reducción de costos**

   Delta Industries pretende instalar un nuevo sistema de producción que requiere una inversión fija de US$ 300.000, el cual tiene una vida útil de cinco años, al final del cual, el sistema podrá ser vendido en US$ 40.000. El requerimiento de capital de trabajo neto asciende a US$ 25.000. El sistema le permitirá ahorrar a la empresa US$ 80.000 por año en costos de operación antes de impuestos. Si la tasa del impuesto a las utilidades es 25% y el rendimiento requerido 15%, la empresa debería llevar a cabo el proyecto?

2. **Evaluación de proyectos de reducción de costos**

   Notel S.A. esta considerando un nuevo proyecto para mejorar su eficiencia en producción. El proyecto requiere de máquina y equipo por un valor de US$ 320.000 que permitirá ahorros anuales en costos antes de impuestos de US$ 95.000. La maquinaria y equipo tiene una vida útil de cinco años y se estima que tendrá un valor de rescate de US$ 50.000. El proyecto requiere de un capital de trabajo inicial de US$ 20.000. La tasa impositiva es 25% y el rendimiento requerido 12%. Debería la empresa llevar a cabo el proyecto?

3. **Proyectos con horizontes diferentes**

   Se esta evaluando dos diferentes máquinas. La maquina I, con una inversión fija de US$ 160.000 tiene tres años de vida y sus costos de operación antes de impuestos son de US$ 27.000 por año. La máquina II, cuya inversión fija es de US$ 250.000, tiene una vida de cinco años y sus costos de operación antes de impuestos son de US$ 15.000 por año. En ambos casos se estima un valor de mercado de US$ 20.000 al final de su vida útil. Si la tasa del impuesto a las utilidades es 25% y el rendimiento requerido 15%, cual de las máquinas es más conveniente?

4. **Determinación de precio de licitación**

Un proyecto consiste en proveer 400.000 unidades de accesorios para vehículos por año durante los cinco años siguientes. La empresa interesada en esta provisión cuenta con un terreno que le costo US$ 500.000 hace cinco años, que si se vendería el día de hoy, obtendría US$ 750.000. La empresa necesita invertir US$ 2.750.000 en maquinaria y equipo para la producción de estos accesorios, los cuales tienen una vida útil de cinco años. La maquinaria y equipo podrá venderse en US$ 275.000 al final de la vida del proyecto. La empresa necesitará también US$ 520.000 de capital de trabajo neto inicial para el proyecto. Sus costos de producción son de US$ 1,80 por unidad y sus costos fijos anuales ascienden a US$ 610.000. Si la tasa impositiva es 25% y el rendimiento requerido sobre este proyecto 18%, ¿Qué precio de licitación debería ofrecer la empresa por este contrato?

5. **Determinación de precio de licitación**

Peet S.A. requiere que se le provea 180.000 unidades por año para sus necesidades de producción durante los cinco años siguientes. La empresa Kramer S.A. ha decidido presentarse a esta licitación, para lo cual requerirá adquirir maquinaria y equipo por un monto de US$ 500.000 y necesitará un capital de trabajo neto de US$ 70.000. La maquinaria y equipo tendrá una vida de cinco años, al final del cual se estima que podrá ser vendido en US$ 60.000. Los costos fijos de producción son de US$ 170.000 por año y los costos variables de producción de US$ 10 por unidad. La tasa impositiva es 25%. Si el rendimiento requerido es 16%, que cotización debería presentar?

10 Análisis de riesgo de las estimaciones

Los flujos de caja de un proyecto se elaboran en base a estimaciones de los volúmenes de producción, precios de venta y costos. En este capítulo centraremos la atención en la manera como se debe evaluar la confiabilidad de estas estimaciones.

Una vez estimados los flujos de caja proyectados, es natural preguntarse si estas se encuentran cercanas a los valores verdaderos. Las proyecciones se basan únicamente en lo que sabemos hoy, y podrían suceder muchas cosas que harían cambiar los flujos de caja.

La posibilidad de que se tome una mala decisión debido a la presencia de errores en los flujos de caja proyectados recibe el nombre de riesgo de estimación. Un proyecto podría tener un VAN positivo debido a la inexactitud de las estimaciones o tener un VAN negativo cuando en realidad es positivo.

Existen tres técnicas para evaluar el grado de riesgo de las estimaciones, que se denominan análisis de escenarios, análisis de sensibilidad y análisis de simulación.

10.1.   Análisis de escenarios

En el análisis de escenarios nos preguntamos ¿Que sucedería si...?, es decir que pasaría por ejemplo si el precio de venta fuera de US$ 22 en lugar de US$ 25?

Si analizamos varios escenarios alternativos y la mayor parte de ellos dan resultados positivos tendríamos cierta confianza en llevar a cabo el proyecto. Si por el contrario un alto porcentaje de escenarios dan malos resultados el grado de riesgo de las estimaciones sería alto y deberíamos profundizar la investigación.

Cuando analizamos un proyecto, calculamos el VAN basándonos en los flujos de caja estimados. Este conjunto inicial de proyecciones recibe el nombre de caso base. Lo que se hace después es adoptar diferentes supuestos acerca del futuro y ver el efecto que tendrá en los resultados.

Una forma de enfocar el análisis es poner un límite superior y uno inferior a los distintos componentes del proyecto. Por ejemplo si se proyecta vender 100 unidades al año y se considera que no está desviada en más o menos el 5%, podemos seleccionar un límite inferior de 95 y un límite superior de 105. Luego asignamos límites a otros componentes del flujo de caja.

Para ilustrar como se efectúa un análisis de escenarios vamos a considerar un proyecto que requiere inversiones fijas por un monto de US$ 50.000, los cuales tienen una vida útil de cinco años y que se necesita un capital de trabajo por US$ 12.000. Asimismo vamos a considerar que el rendimiento requerido es 10% y que se han establecido las siguientes estimaciones sobre el volumen de ventas, precios de ventas y costos:

	Caso base	Límite inferior	Límite superior
Volumen de ventas (unidades)	8.000	7.600	8.400
Precio unitario (US$)	7,0	6,5	7,5
Costo variable unitario (US$)	4,0	3,8	4,2
Costo fijo anual (US$)	6.000	5.000	7.000

Podríamos considerar varios escenarios. Un buen punto de partida es el peor caso, el cual nos indicará el VAN mínimo del proyecto. Asimismo, podríamos determinar el mejor caso, que establecería el límite superior del VAN.

Para el peor caso, asignamos el valor menos favorable a cada variable, es decir valores bajos para el volumen de ventas y precios de venta y valores altos para costos. Para el mejor caso hacemos lo opuesto.

En el ejemplo que planteamos, el peor y el mejor caso tendrían los siguientes valores:

	Peor caso	Mejor caso
Volumen de ventas (unidades)	7.600	8.400
Precio unitario (US$)	6,5	7,5
Costo variable unitario (US$)	4,2	3,8
Costo fijo anual (US$)	7.000	5.000

Con esta información podemos elaborar el estado de resultados proyectado, el flujo de caja del proyecto y calcular el VAN y la TIR para cada escenario.

CASO BASE

ESTADO DE RESULTADOS PROYECTADO
En dólares americanos

	1	2	3	4	5
Ventas	56.000	56.000	56.000	56.000	56.000
(-) Costos variables	32.000	32.000	32.000	32.000	32.000
(-) Costos fijos	6.000	6.000	6.000	6.000	6.000
(-) Depreciación	10.000	10.000	10.000	10.000	10.000
EBIT	8.000	8.000	8.000	8.000	8.000
(-) Impuestos 25%	2.000	2.000	2.000	2.000	2.000
Utilidad neta	6.000	6.000	6.000	6.000	6.000

FLUJO DE CAJA DEL PROYECTO
En dólares americanos

	0	1	2	3	4	5
EBIT		8.000	8.000	8.000	8.000	8.000
(+) Depreciación		10.000	10.000	10.000	10.000	10.000
(-) Impuestos		-2.000	-2.000	-2.000	-2.000	-2.000
Inversiones fijas	-50.000					
Capital de trabajo neto	-12.000					12.000
Flujo de caja del proyecto	-62.000	16.000	16.000	16.000	16.000	28.000

VAN (10%) = 6.104
TIR = 13,48%

PEOR CASO

ESTADO DE RESULTADOS PROYECTADO
En dólares americanos

	1	2	3	4	5
Ventas	49.400	49.400	49.400	49.400	49.400
(-) Costos variables	31.920	31.920	31.920	31.920	31.920
(-) Costos fijos	7.000	7.000	7.000	7.000	7.000
(-) Depreciación	10.000	10.000	10.000	10.000	10.000
EBIT	480	480	480	480	480
(-) Impuestos 25%	120	120	120	120	120
Utilidad neta	360	360	360	360	360

FLUJO DE CAJA DEL PROYECTO
En dólares americanos

	0	1	2	3	4	5
EBIT		480	480	480	480	480
(+) Depreciación		10.000	10.000	10.000	10.000	10.000
(-) Impuestos		-120	-120	-120	-120	-120
Inversiones fijas	-50.000					
Capital de trabajo neto	-12.000					12.000
Flujo de caja del proyecto	-62.000	10.360	10.360	10.360	10.360	22.360

VAN (10%) = -15.276
TIR = 0,85%

MEJOR CASO

ESTADO DE RESULTADOS PROYECTADO
En dólares americanos

	1	2	3	4	5
Ventas	63.000	63.000	63.000	63.000	63.000
(-) Costos variables	31.920	31.920	31.920	31.920	31.920
(-) Costos fijos	5.000	5.000	5.000	5.000	5.000
(-) Depreciación	10.000	10.000	10.000	10.000	10.000
EBIT	16.080	16.080	16.080	16.080	16.080
(-) Impuestos 25%	4.020	4.020	4.020	4.020	4.020
Utilidad neta	12.060	12.060	12.060	12.060	12.060

FLUJO DE CAJA DEL PROYECTO
En dólares americanos

	0	1	2	3	4	5
EBIT		16.080	16.080	16.080	16.080	16.080
(+) Depreciación		10.000	10.000	10.000	10.000	10.000
(-) Impuestos		-4.020	-4.020	-4.020	-4.020	-4.020
Inversiones fijas	-50.000					
Capital de trabajo neto	-12.000					12.000
Flujo de caja del proyecto	-62.000	22.060	22.060	22.060	22.060	34.060

VAN (10%) = 29.076
TIR = 25,93%

El resumen de los resultados es el siguiente:

	Caso base	Peor caso	Mejor caso
Valor actual neto (10%)	6.104	-15.276	29.076
Tasa interna de retorno	13,48%	0,85%	25,93%

Vemos que en el peor escenario la TIR sería 0,85% y en el mejor caso 25,93%.

10.2.   Análisis de sensibilidad

En el análisis de sensibilidad se mantienen constantes todas las variables excepto una y se analiza que tan sensible son las estimaciones ante cambios en esa variable.

Si las estimaciones son muy sensibles ante cambios en el valor de algún componente del flujo de caja, el riesgo asociado con esa variable será alto.

Para ilustrar como se efectúa un análisis de escenarios vamos a seguir con el ejemplo anterior y efectuaremos un análisis de sensibilidad del volumen de ventas y del precio de venta.

Análisis de sensibilidad: Variación en el volumen de ventas

	Caso base	Peor caso	Mejor caso
Volumen de ventas (unidades)	8.000	7.600	8.400
Precio unitario (US$)	7,0	7,0	7,0
Costo variable unitario (US$)	4,0	4,0	4,0
Costo fijo anual (US$)	6.000	6.000	6.000

Se notará que se ha mantenido el precio unitario, el costo variable unitario y el costo fijo del caso base y se ha modificado el volumen de ventas.

El flujo de caja del caso base es el mismo que se elaboró anteriormente. El estado de resultados y el flujo de caja del peor caso y el mejor caso se indican a continuación.

PEOR CASO

ESTADO DE RESULTADOS PROYECTADO
En dólares americanos

	1	2	3	4	5
Ventas	53.200	53.200	53.200	53.200	53.200
(-) Costos variables	30.400	30.400	30.400	30.400	30.400
(-) Costos fijos	6.000	6.000	6.000	6.000	6.000
(-) Depreciación	10.000	10.000	10.000	10.000	10.000
EBIT	6.800	6.800	6.800	6.800	6.800
(-) Impuestos 25%	1.700	1.700	1.700	1.700	1.700
Utilidad neta	5.100	5.100	5.100	5.100	5.100

FLUJO DE CAJA DEL PROYECTO
En dólares americanos

	0	1	2	3	4	5
EBIT		6.800	6.800	6.800	6.800	6.800
(+) Depreciación		10.000	10.000	10.000	10.000	10.000
(-) Impuestos		-1.700	-1.700	-1.700	-1.700	-1.700
Inversiones fijas	-50.000					
Capital de trabajo neto	-12.000					12.000
Flujo de caja del proyecto	-62.000	15.100	15.100	15.100	15.100	27.100

VAN (10%) = 2.692
TIR = 11,55%

MEJOR CASO

ESTADO DE RESULTADOS PROYECTADO
En dólares americanos

	1	2	3	4	5
Ventas	58.800	58.800	58.800	58.800	58.800
(-) Costos variables	33.600	33.600	33.600	33.600	33.600
(-) Costos fijos	6.000	6.000	6.000	6.000	6.000
(-) Depreciación	10.000	10.000	10.000	10.000	10.000
EBIT	9.200	9.200	9.200	9.200	9.200
(-) Impuestos 25%	2.300	2.300	2.300	2.300	2.300
Utilidad neta	6.900	6.900	6.900	6.900	6.900

FLUJO DE CAJA DEL PROYECTO
En dólares americanos

	0	1	2	3	4	5
EBIT		9.200	9.200	9.200	9.200	9.200
(+) Depreciación		10.000	10.000	10.000	10.000	10.000
(-) Impuestos		-2.300	-2.300	-2.300	-2.300	-2.300
Inversiones fijas	-50.000					
Capital de trabajo neto	-12.000					12.000
Flujo de caja del proyecto	-62.000	16.900	16.900	16.900	16.900	28.900

VAN (10%) = 9.515
TIR = 15,39%

El resumen de resultados es el siguiente:

	Caso base	Peor caso	Mejor caso
Valor actual neto (10%)	6.104	2.692	9.515
Tasa interna de retorno	13,48%	11,55%	15,39%

En base a estos resultados se concluye que el proyecto es poco sensible a la variación del volumen de ventas.

Análisis de sensibilidad: Variación en el precio de venta

	Caso base	Peor caso	Mejor caso
Volumen de ventas (unidades)	8.000	8.000	8.000
Precio unitario (US$)	7,0	6,5	7,5
Costo variable unitario (US$)	4,0	4,0	4,0
Costo fijo anual (US$)	6.000	6.000	6.000

El VAN y la TIR de estos casos son los siguientes:

	Caso base	Peor caso	Mejor caso
Valor actual neto (10%)	6.104	-5.269	17.476
Tasa interna de retorno	13,48%	6,92%	19,76%

En base a estos resultados se concluye que el proyecto es sensible a la variación del precio de venta, ya que ante una disminución del precio de venta en 7%, el VAN registra valores negativos.

El análisis de sensibilidad es útil para identificar aquellas variables que mas influyen en un proyecto y que deben merecer mayor atención. Si un proyecto es sensible al volumen de ventas se podría decidir, por ejemplo, por una investigación de mercado más profunda.

10.3.   Análisis de simulación

En el análisis de simulación permitimos que todas las variables varíen al mismo tiempo, considerando un número elevado de escenarios.

En este análisis se puede empezar con el volumen de ventas y suponer que puede asumir cualquier valor dentro los límites inferior y superior. Posteriormente se selecciona aleatoriamente un valor, se selecciona también de manera aleatoria un precio, un costo variable y un costo fijo y luego se calcula el VAN.

Se repite esta secuencia todas las veces que se desee, que podrían ser varios cientos de veces.

De esta manera obtenemos varias estimaciones del VAN, de los que determinamos un valor promedio y alguna medida de dispersión.

Con estos valores podríamos determinar por ejemplo, el porcentaje de escenarios posibles con VAN negativos.

Preguntas y problemas

1.   Análisis de escenarios

Un proyecto requiere de una inversión fija de US$ 720.000, el cual tiene una vida útil de cinco años y un capital de trabajo neto de US$ 60.000. Se proyectan venta de 50.000 unidades por año, un precio de venta unitario de US$ 25, un costo variable unitario de US$ 15 y costos fijos de US$ 220.000 por año. La tasa impositiva es 25% y el rendimiento requerido 14%. Se considera que las proyecciones de ventas, precio, costo variable y costo fijo son exactas a un nivel de 6%. Determinar el valor actual neto y la tasa interna de retorno del caso base, el mejo caso y el peor caso.

2.   Análisis de escenarios

Dopak Industries ha realizado las siguientes estimaciones sobre un nuevo proyecto:

Cantidad	100.000 unidades.
Precio de venta	US$ 16
Costo variable unitario	US$ 9
Costos fijos anuales	US$ 400.000

La empresa considera que todas sus estimaciones son exactas dentro de un rango de ± 10%. Que valores debería usar la empresa para las cuatro variables cuando lleve a cabo sus análisis de escenarios del caso base, mejor caso y peor caso?

3.   Análisis de sensibilidad

Un proyecto requiere de una inversión fija de US$ 850.000, el cual tiene una vida de cinco años y un capital de trabajo neto de US$ 120.000. Las ventas se han proyectado a un nivel de 80.000 unidades por año. El precio de venta unitario es US$ 30, el costo variable unitario US$ 16 y los costos fijos ascienden a US$ 750.000 anuales. La tasa impositiva es 25% y el rendimiento requerido 13%.

a) Elaborar el flujo de caja del caso base y calcular el valor actual neto y tasa interna de retorno.

b) Determinar la sensibilidad del proyecto ante un decremento de 5.000 unidades en las ventas proyectadas.

c) Determinar la sensibilidad del proyecto ante un decremento de US$ 1,50 en los costos variables estimados.

4. **Análisis de sensibilidad**

Un proyecto requiere de una inversión fija de US$ 360.000, el cual tiene una vida útil de cinco años y un capital de trabajo neto de US$ 42.000. Se proyectan venta de 40.000 unidades por año, un precio de venta unitario de US$ 25, un costo variable unitario de US$ 16 y costos fijos de US$ 192.000 por año. La tasa impositiva es 25% y el rendimiento requerido 17%.

a) Elaborar el flujo de caja y calcular el valor actual neto y la tasa interna de retorno.

b) Determinar la sensibilidad del proyecto ante un decremento del 10% en el volumen de ventas.

11 Evaluación de proyectos internacionales

En este capítulo veremos como se evalúan proyectos de empresas que operan a nivel internacional, donde se deben considerar aspectos que no afectan en forma directa a las empresas nacionales, como son los tipos de cambio de las monedas extranjeras, las tasas de interés de los diferentes países, las tasas de inflación extranjeras, así como los sistemas fiscales y regulaciones financieras extranjeras.

11.1. Tipos de cambio

Un tipo de cambio es el precio de la moneda de un país expresado en términos de la moneda de otro país.

En el cuadro 11.1. se indica las monedas de algunos países a enero de 2011.

Cuadro 11.1. Monedas de países

América		Asia	
País	**Moneda**	**País**	**Moneda**
Argentina	Peso argentino	Afganistan	Afgani
Bolivia	Boliviano	Arabia saudita	Rial saudita
Brasil	Real	Bangla Desh	Taka
Canadá	Dólar canadiense	China	Yuan renminbí
Chile	Peso chileno	Corea del Sur	Won
Colombia	Peso colombiano	Filipinas	Peso filipino
Costa Rica	Colon	India	Rupia hindú
Cuba	Peso cubano	Indonesia	Rupia
Ecuador	Dólar estadounidense	Irak	Dinar iraquí
Estados Unidos	Dólar estadounidense	Irán	Rial iraní
Guatemala	Quetzal	Israel	Shekel
Honduras	Lempira	Japón	Yen
Mexico	Peso mexicano	Kuwait	Dinar kuwaiti
Nicaragua	Córdoba	Malasia	Ringgit malaysio
Panamá	Dólar estadounidense	Pakistan	Rupia paquistaní
Paraguay	Guaraní	Singapur	Dólar de singapur
Perú	Sol	Tailandia	Baht
Uruguay	Peso uruguayo	Taiwan	Dólar de taiwan
Venezuela	Bolivar	Vietman	Dong
Africa y Oceanía			
País	**Moneda**	**País**	**Moneda**
Africa		Madagascar	Franco malgache
Argelia	Dinar argelino	Marruecos	Dirham marroqui
Camerún	Franco CFA	Nigeria	Naira
Costa de marfil	Franco CFA	Sudafrica	Rand
Egipto	Libra egipcia	Uganda	Chelin de uganda
Etiopia	Biir etiope		
Ghana	Cedi	**Oceania**	
Libia	Dinar libio	Australia	Dólar australiano

Europa			
País	**Moneda**	**País**	**Moneda**
Unión Europea		Irlanda	Euro
Alemania	Euro	Italia	Euro
Austria	Euro	Letonia	Lat
Bélgica	Euro	Lituania	Lit
Bulgaria	Lev	Luxemburgo	Euro
Chipre	Euro	Malta	Euro
Dinamarca	Corona danesa	Polonia	Zloty
Eslovaquia	Corona eslovaca	Portugal	Euro
Eslovenia	Euro	Reino Unido	Libra esterlina
España	Euro	República Checa	Corona checa
Estonia	Corona estonia	Rumania	Lev rumano
Finlandia	Euro	Suecia	Corona sueca
Francia	Euro		
Grecia	Euro	**Otros**	
Holanda	Euro	Noruega	Corona noruega
Hungria	Forint	Suiza	Franco suizo

Cotizaciones de los tipos de cambio

Es práctica generalizada en el mundo cotizar los tipos de cambio de las monedas en términos del dólar estadounidense.

Las cotizaciones de los tipos de cambio se pueden expresar en forma directa o indirecta.

La cotización directa proporciona la cantidad de dólares estadounidenses que se requiere para comprar una unidad de moneda nacional. Como este es el precio en dólares estadounidenses de una moneda, recibe el nombre de cotización americana.

La cotización indirecta indica la cantidad de moneda nacional por dólar estadounidense, que se la conoce también cotización europea.

La cotización directa es justamente el recíproco de la cotización indirecta.

Ejemplo 11.1. **Cotizaciones de monedas**

COTIZACIÓN DE MONEDAS
Al 28 de febrero de 2011

País	Unidad monetaria	Cotización Directa US$/Mon.	Cotización Indirecta Mon./US$
Arabia Saudita	Rial saudita	0,2666	3,7509
Australia	Dólar australiano	0,9999	1,0001
Bolivia	Boliviano	0,1428	7,0000
Brasil	Real	0,5974	1,6739
Canadá	Dólar canadiense	1,0081	0,9920
Chile	Peso chileno	0,0021	473,8461
China	Yuan renminbí	0,1520	6,5790
India	Rupia india	0,0221	45,3172
Japón	Yen	0,0121	82,5566
México	Peso mexicano	0,0820	12,1951
Reino Unido	Libra esterlina	1,6184	0,6179
Sudafrica	Rand	0,1402	7,1327
Suecia	Corona sueca	0,1561	6,4061
Suiza	Franco suizo	1,0709	0,9338
Unión europea (*)	Euro	1,3746	0,7275

(*) 15 de los 27 paises miembros

Cotización directa:

El euro se cotiza a 1,3746

Significa que se puede comprar un euro con 1,3746 dólares estadounidenses.

Cotización indirecta:

El euro se cotiza a 0,7275

Significa que se puede obtener 0,7275 euros por un dólar estadounidense.

Que cantidad de yenes se podrá comprar con US$ 5.000?

5.000 US$ x 82,5566 Yen/US$ = 412.783 Yenes

Si un automóvil cuesta 2.000.000 Yenes, cuantos dólares se necesita para comprarlo?

2.000.000 Yenes x 0,0121 US$/Yen = 24.200 US$

Tasas cruzadas y arbitraje triangular

La tasa cruzada es el tipo de cambio implícito entre dos monedas, distinta al dólar estadounidense.

Las tasas cruzadas deben ser congruentes con los tipos de cambio respecto al dólar estadounidense, caso contrario existirá la posibilidad de obtener un beneficio desplazándose a través de tres monedas, actividad que recibe el nombre de arbitraje triangular.

Para ilustrar una situación de arbitraje triangular vamos a considerar la siguiente información de los tipos de cambio del boliviano (Bs) y el euro (€) respecto al dólar estadounidense (US$) y la tasa cruzada entre el boliviano y el euro.

$$US\$\ 1\ =\ Bs\ 7\ \longrightarrow\ 7\ Bs/US\$$$

$$US\$\ 1\ =\ €\ 0,7275\ \longrightarrow\ 0,7275\ €/US\$$$

$$€\ 1\ =\ Bs\ 10\ \longrightarrow\ 10\ Bs/€$$

Si se tiene US$ 100 y se convierte directamente a bolivianos, tendríamos:

100 US$ x 7 Bs/US$ = 700 Bs

Sin embargo, si primero convertimos en euros tendríamos:

100 US$ x 0,7275 €/US$ = 72,75 €

Si esta cantidad se convierte en bolivianos a la tasa cruzada, tendríamos:

72,75 € x 10 Bs/€ = 727,50 Bs

Para evitar la existencia de esta oportunidad de negocio, la tasa cruzada debería ser:

$$\frac{7\ Bs/US\$}{0,727490\ €/US\$}\ =\ 9,62\ Bs/€$$

Es decir, la tasa cruzada debe ser de 9,62 bolivianos por euro. Si fuera cualquier otra, habría una oportunidad de arbitraje triangular.

Ejemplo 11.2. Tasas cruzadas y arbitraje triangular

Se cuenta con la siguiente información de los tipos de cambio del yuan renminbí (YR) y el euro (€) respecto al dólar estadounidense (US$) y la tasa cruzada entre el yuan y el euro.

US$ 1 = YR 6,58 $\longrightarrow$ 6,58 YR/US$

US$ 1 = € 0,73 $\longrightarrow$ 0,73 €/US$

€ 1 = YR 9,20 $\longrightarrow$ 9,20 YR/€

De que manera debe procederse para ganar dinero si se cuenta con US$ 100.

La tasa cruzada debería ser:

$$\frac{6,58 \text{ YR/US\$}}{0,73 \text{ €/US\$}} = 9,01 \text{ YR/€}$$

1. Intercambiar dólares por euros:
   100 US$ x 0,73 €/US$ = 73 €

2. Intercambiar euros por yuanes:
   73 € x 9,20 YR/€ = 671,60 YR

3. Intercambiar yuanes por dólares:
   $$\frac{671,60 \text{ YR}}{6,58 \text{ YR/US\$}} = 102,07 \text{ US\$}$$

La utilidad sería de US$ 2,07.

Ahora veremos de que manera debería procederse si el tipo de cambio del yuan y el euro fuera 8,80 YR/€.

1. Intercambiar dólares por yuanes:
   100 US$ x 6,58 YR/US$ = 658 YR

2. Intercambiar yuanes por euros:
   $$\frac{658 \text{ YR}}{8,80 \text{ YR/€}} = 74,77 \text{ €}$$

3. Intercambiar euros por dólares:
   $$\frac{74,77 \text{ €}}{0,73 \text{ €/US\$}} = 102,42 \text{ US\$}$$

La utilidad sería de US$ 2,42.

Tipos de transacciones cambiarias

Existen dos tipos de transacciones en el mercado de divisas, las negociaciones al contado y las negociaciones a plazo.

Una negociación al contado es un acuerdo para intercambiar monedas con base en el tipo de cambio de hoy, cuya liquidación deberá efectuarse dentro de dos días hábiles. El tipo de cambio de una negociación al contado recibe el nombre de tipo de cambio al contado o tasa spot.

Una negociación a plazo es un acuerdo para intercambiar monedas en el futuro. El tipo de cambio que se usará se conviene el día de hoy y recibe el nombre de tipo de cambio a plazo o tasa forward.

El mercado a plazo permite garantizar hoy un tipo de cambio a futuro, eliminando el riesgo de variaciones desfavorables en el tipo de cambio.

Los reportes en The Wall Street Journal incluyen tipos de cambio a plazos de 30, 60, 90 y 180 días de las principales monedas.

Por ejemplo si el tipo de cambio al contado del franco suizo es de CHF 1 = US$ 1,0709 y el tipo de cambio a plazo a 180 días es de CHF 1 = US$ 1,0800, significa que se puede comprar hoy esta moneda a US$ 1,0709 o que puede convenir en recibir esta moneda en 180 días y pagar US$ 1,0800 en ese momento.

Esta moneda es más cara en el mercado a plazo, por lo que se dice que se vende con una prima respecto al dólar estadounidense. Asimismo, se dice que le dólar se vende con un descuento en relación con esa moneda.

Ejemplo 11.3. Tipo de cambio al contado y a plazo

Se espera recibir un millón de libras esterlinas dentro de 180 días.
El tipo de cambio al contado es US$ 1,6184 = £ 1 y el tipo de cambio a 180 días es US$ 1,6120 = £ 1.

Dentro de 180 días obtendrá: 1.000.000 £ x 1,6120 US$/£ = 1.612.000 US$

Debido a que es más económico comprar una libra esterlina en el mercado a plazo que en el mercado al contado, se dice que la libra esterlina se vende con un descuento en relación con el dólar estadounidense.

11.2. Condiciones internacionales de paridad

Paridad del poder de compra (PPC)

La paridad del poder de compra establece que el tipo de cambio se ajusta para mantener constante el poder adquisitivo de las distintas monedas.

Existen dos versiones de la paridad del poder de compra, la absoluta y la relativa.

La paridad absoluta del poder de compra establece que un producto cuesta lo mismo independientemente de cual sea la moneda que se use para comprarlo o del lugar donde se venda.

La paridad absoluta del poder de compra afirma que un dólar debería tener el mismo poder de compra en cada país. Esto significa que una manzana cuesta lo mismo independientemente de que se compre en Nueva York o Tokio.

Si un producto tiene un costo de £ 2 en Londres, y si el tipo de cambio es de 0,6179 £/US$, entonces el producto costará £ 2/0,6179 = US$ 3,24 en Nueva York.

En otras palabras, el principio de la paridad del poder de compra absoluta afirma que con cien dólares, se comprará la misma cantidad de hamburguesas en cualquier parte del mundo.

El principio de la paridad absoluta del poder de compra se lo puede expresar en símbolos de la siguiente manera:

Sea S_0 el tipo de cambio al contado entre el euro y el dólar estadounidense.
Sea P_{US} el precio actual de un determinado producto en Estados Unidos.
Sea P_{ES} el precio actual de este producto en España.

$$P_{ES} = S_0 \times P_{US}$$

Esto nos indica que el precio en España de un producto es igual al precio estadounidense por el tipo de cambio.

El fundamento que respalda el principio de la paridad del poder de compra es similar al arbitraje triangular.

Si la paridad del poder de compra no se mantuviera, el arbitraje sería posible si el producto se desplazara desde un país a otro

Ejemplo 11.4. **Paridad absoluta del poder de compra**

Para ilustrar el principio de la paridad absoluta del poder de compra vamos a considerar que en Estados Unidos se venden manzanas a US$ 5 la caja de 12 unidades, mientras que en España el precio es € 4 por caja.

La paridad absoluta del poder de compra establece que:

$$P_{ES} = S_0 \times P_{US}$$
$$4 = S_0 \times 5$$
$$S_0 = 4 / 5$$
$$S_0 = 0,80 \text{ €/US\$}$$

Es decir, el tipo de cambio al contado implícito es de 0,80 € / US$.

Si el tipo de cambio real fuera de 0,73 €/US$, un negociante podría comprar manzanas en Estados Unidos, embarcarlas a España y venderlas a € 4, luego convertir los euros en dólares al tipo de cambio prevaleciente de 0,73 €/US$, lo que le redituaría un total de 4 € / 0,73 €/US$ = US$ 5,48 y la utilidad sería de US$ 0,48 por caja.

Debido a ese potencial de utilidades, comienzan a actuar algunas fuerzas para modificar el tipo de cambio y/o el precio de las manzanas. Las manzanas empezarían a desplazarse desde Estados Unidos hacia España. La reducida oferta de manzanas en Estados Unidos aumentaría su precio, mientras que el incremento de la oferta en España lo reduciría.

Además como los negociantes estarían convirtiendo euros en dólares, ésta actividad aumentaría la demanda de dólares, es decir el dólar se revaluaría y deberíamos esperar que el tipo de cambio del euro aumente.

Para que la paridad del poder de compra se mantenga de una manera absoluta no debe existir costos de transacciones (embarques, seguros, mermas, etc.) y no debe haber barreras arancelarias e impuestos.

Dado que existen costos de transacción el principio de la paridad del poder de compra absoluta es aplicable sólo a los bienes que son muy uniformes.

La versión relativa de la paridad del poder de compra establece que la variación del tipo de cambio a lo largo del tiempo depende de la inflación de los países.

Supongamos que el tipo de cambio del euro al dólar estadounidense fuera actualmente de $S_0 = €\ 0,73$ y que se pronosticara que la tasa de inflación de España fuera del 10% anual y la de Estados Unidos sea cero.

Un dólar cuesta actualmente € 0,73 en España. Con una tasa de inflación de 10%, el precio del dólar aumentará 10%, de modo que el tipo de cambio debería aumentar a € 0,73 x 1,10 = € 0,80.

Si la tasa de inflación en Estados Unidos fuera del 4%, los precio de España respecto a los precio de Estados Unidos aumentará a una tasa de 10% - 4% = 6%, por lo tanto esperamos que el precio del dólar aumente 6% y que el tipo de cambio será: € 0,73 x 1,06 = € 0,77.

El principio de la paridad del poder de compra relativa afirma que la variación del tipo de cambio se determina por la diferencia en las tasa de inflación de los países, lo cual se lo puede expresar en símbolos de la siguiente manera:

S_0 Tipo de cambio actual al contado (moneda nacional por dólar estadounidense)

S_t Tipo de cambio esperado en t períodos

h_{US} Tasa de inflación en Estados Unidos

h_{EX} Tasa de inflación del país extranjero

El cambio porcentual esperado del tipo de cambio en el primer año será:

$$\frac{S_1 - S_0}{S_0} = h_{EX} - h_{US}$$

$$S_1 - S_0 = S_0\,(h_{EX} - h_{US})$$

$$S_1 = S_0 + S_0(h_{EX} - h_{US})$$

$$S_1 = S_0\,(1 + h_{EX} - h_{US})$$

De manera similar, el tipo de cambio a lo largo del segundo año será:

$$S_2 = S_1\,(1 + h_{EX} - h_{US})$$

$$S_2 = S_0\,(1 + h_{EX} - h_{US})(1 + h_{EX} - h_{US})$$

$$S_2 = S_0\,(1 + h_{EX} - h_{US})^2$$

En general, la paridad relativa del poder de compra afirma que el tipo de cambio esperado en algún momento del futuro S_t es:

$$S_t = S_0\,[1 + (h_{EX} - h_{US})]^t$$

Ejemplo 11.5. Paridad relativa del poder de compra

Para ilustrar el principio de la paridad relativa del poder de compra vamos a considerar que el tipo de cambio del yen actualmente es de 82,56 ¥/US$ y que la tasa de inflación en Japón a lo largo de los tres años siguientes será 2% anual, mientras que en Estados Unidos será 6% anual.

En base a la paridad relativa del poder de compra ¿Cuál será el tipo de cambio dentro de tres años?

Debido a que la tasa de inflación de Estados Unidos es más alta, esperamos que el dólar se desvalorice.

$$S_3 = S_0 [1 + (h_{EX} - h_{US})]^3$$

$$S_3 = 82,56 [1 + (0,02 - 0,06)]^3$$

$$S_3 = 82,56 (1 - 0,04)^3$$

$$S_3 = 82,56 (0,884736)$$

$$S_3 = 73,04 \text{ ¥/US\$}$$

El tipo de cambio dentro de tres años sería 73,04 ¥/US$.

Paridad de las tasas de interés (PTI)

Trataremos ahora la relación que existe entre los tipos de cambio al contado, los tipos de cambio a plazos y las tasas de interés, para lo cual adoptaremos la siguiente simbología:

S_0 Tipo de cambio al contado
F_t Tipo de cambio a plazo en el momento t
R_{US} Tasa de interés nominal libre de riesgo de Estados Unidos
R_{EX} Tasa de interés nominal libre de riesgo del país extranjero

Vamos a suponer que el tipo de cambio al contado de la moneda de China es de 6,58 yuanes por dólar estadounidense, que el tipo de cambio a plazo a 360 días es de 6,25 yuanes por dólar, que la tasa de interés nominal libre de riesgo en Estados Unidos es 6% y que la tasa de interés nominal libre de riesgo en China es 3%.

$S_0 = 6,58$ YR/US$
$F_1 = 6,25$ YR/US$ (Tasa a plazo a 360 días)
$R_{US} = 6\%$
$R_{EX} = 3\%$

Supongamos que se cuenta con un dólar que se desea invertir en un activo libre de riesgo. Una opción es invertir en un activo libre de riesgo estadounidense. Dentro de un año se tendrá:

$$VF_1 = 1 \times (1 + R_{US})$$

$$VF_1 = 1 \times 1,06$$

$$VF_1 = 1,06 \text{ US\$}$$

Alternativamente se puede invertir en valores libre de riesgo en China y realizar las siguientes transacciones:

1. Convertir el dólar en yuanes:
    1 US$ x S_0 = 1 US$ x 6,58 YR/US$ = 6,58 YR

2. Suscribir al mismo tiempo un contrato a plazo para convertir nuevamente los yuanes en dólares dentro de un año, al tipo de cambio de 6,25 YR/US$.

3. Invertir los 6,58 YR en China a una tasa R_{EX} = 3%. Dentro de un año tendrá:

    $$VF_1 = 6,58 \times (1 + R_{EX})$$

    $$VF_1 = 6,58 \times 1,03$$

    $$VF_1 = 6,78 \text{ YR}$$

4. Convertir los 6,78 YR en dólares al tipo de cambio convenido de 6,25 YR/US$:

    $$\frac{6,78 \text{ YR}}{6,25 \text{ YR/US\$}} = 1,0844 \text{ US\$}$$

Esto también se puede expresar de la siguiente manera:

$$VF_1 = \frac{S_0 (1 + R_{EX})}{F_1}$$

$$VF_1 = \frac{6,58 (1 + 0,03)}{6,25}$$

$$VF_1 = 1,0844$$

El rendimiento de la inversión es 8,44%, que es más alto que la tasa del 6% que obtendríamos al invertir en Estados Unidos, es decir existiría oportunidad de arbitraje.

Para explotar las diferencias entre las tasas de interés, se podría solicitar un préstamo por ejemplo de US$ 50.000 a la tasa libre de riesgo estadounidense e invertir a la tasa del país extranjero, efectuando las siguientes transacciones:

1. Convertir US$ 50.000 en yuanes:
    50.000 US$ x 6,58 YR/US$ = 329.000 YR

2. Realizar un contrato a plazo al tipo de cambio de 6,25 YR/US$ para convertir los yuanes a dólares dentro de 360 días.

3. Invertir los 329.000 YR durante un año a la tasa R_{EX} = 3%, al cabo del año tendrá:
    329.000 YR x 1,03 = 338.870 YR.

4. Convertir los 338.870 YR en dólares al tipo de cambio convenido de 6,25 YR/US$:
    $$\frac{338.870 \text{ YR}}{6,25 \text{ YR/US\$}} = 54.219,20 \text{ US\$}$$

5. Reembolsar el préstamo mas los intereses:
50.000 US$ x 1,06 = 53.000 US$

6. La utilidad será:
54.219,20 US$ – 53.000 US$ = 1.219,20 US$

Esta situación recibe el nombre de arbitraje del interés con cobertura. El término con cobertura significa que estamos cubiertos en caso de que el tipo de cambio varíe, porque hemos asegurado el tipo de cambio a plazo el día de hoy.

Para que no existan oportunidades significativas de arbitraje del interés con cobertura, debe existir alguna relación entre los tipos de cambio al contado, los tipos de cambio a plazo y las tasas de interés relativas. Para ver cual es esta relación, consideremos que:

- Colocar los fondos en una inversión estadounidense libre de riesgo, nos proporciona $(1 + R_{US})$ por cada dólar que invertimos.

- Colocar los fondos en una inversión extranjera libre de riesgo, nos proporciona: $S_0 (1 + R_{EX}) / F_1$ por cada dólar que invertimos.

Para prevenir el arbitraje estos dos montos deben ser iguales:

$$(1 + R_{US}) = \frac{S_0 (1 + R_{EX})}{F_1}$$

$$\frac{F_1}{S_0} = \frac{(1 + R_{EX})}{(1 + R_{US})}$$

Esta es la condición de la paridad de la tasa de interés (PTI).

Una aproximación de la paridad de la tasa de interés afirma que la diferencia porcentual de la tasa a plazo y la tasa al contado es aproximadamente igual a la diferencia de las tasas de interés libres de riesgo entre los países:

$$\frac{F_1 - S_0}{S_0} = R_{EX} - R_{US}$$

La paridad de las tasas de interés sostiene que cualquier diferencia entre las tasas de interés entre dos países a lo largo de un determinado período se cancela por el cambio de los tipos de cambio entre las monedas, lo cual elimina cualquier posibilidad de arbitraje. Si despejamos F_1 de la anterior relación tendremos:

$$F_1 - S_0 = S_0 (R_{EX} - R_{US})$$

$$F_1 = S_0 + S_0 (R_{EX} - R_{US})$$

$$F_1 = S_0 [1 + (R_{EX} - R_{US})]$$

En general, para t periodos la relación es la siguiente:

$$F_t = S_0 [1 + (R_{EX} - R_{US})]^t$$

Tasas a plazo insesgadas (TPI)

La condición de las tasas a plazo insesgadas afirma que el tipo de cambio a plazo (F_1) es un estimador insesgado del tipo de cambio al contado esperada a futuro (S_1).

$$F_1 = S_1$$

Para t periodos esta condición se la expresa de la siguiente manera:

$$F_t = S_t$$

Por ejemplo, el tipo de cambio a 180 días que vemos el día de hoy deberá ser un estimador insesgado del tipo de cambio que realmente existirá dentro de 180 días.

Paridad de las tasas de interés descubiertas (PTID)

La paridad del poder de compra, la paridad de las tasas de interés y las tasas a plazo insesgadas describen las relaciones internacionales que existen entre los tipos de cambio, las tasas de inflación y las tasas de interés, las que se resumen en las siguientes expresiones:

PPC: $\qquad S_1 = S_0 [1 + (h_{EX} - h_{US})]$

PTI: $\qquad F_1 = S_0 [1 + (R_{EX} - R_{US})]$

TPI: $\qquad F_1 = S_1$

Si combinamos la PTI y la TPI obtenemos la paridad de la tasa de interés descubierta (PTID):

PTID: $\qquad S_1 = S_0 [1 + (R_{EX} - R_{US})]$

Esta relación para t periodos se la expresa de la siguiente manera:

PTID: $\qquad S_t = S_0 [1 + (R_{EX} - R_{US})]^t$

Efecto internacional de Fisher

Si relacionamos la paridad del poder de compra (PPC) con la paridad de las tasas de interés descubiertas (PTID) tendremos:

$$S_0 [1 + (h_{EX} - h_{US})] = S_0 [1 + (R_{EX} - R_{US})]$$

$$h_{EX} - h_{US} = R_{EX} - R_{US}$$

Esta expresión indica que la diferencia en el rendimiento entre países es igual a la diferencia entre las tasas de inflación. Si reordenamos esta expresión se obtiene el efecto internacional de Fisher, que indica que las tasas de interés reales son iguales entre los países.

$$R_{US} - h_{US} = R_{EX} - h_{EX}$$

Por ejemplo, si los rendimientos reales fueran más altos en España que en Estados Unidos, el dinero de éste último se desplazaría hacia España, lo que daría lugar a que los precios de los activos de España aumenten y sus rendimientos disminuyan. En cambio los precios de los activos de Estados Unidos disminuirían y sus rendimientos aumentarían. Este proceso continuaría hasta igualar los rendimientos reales.

Al respecto es necesario hacer notar que existen muchas barreras para el movimiento de capitales en el mundo, por lo que los rendimientos reales podrían ser diferentes entre los países. En la medida que los mercados financieros se internacionalicen, es probable que no exista diferencia entre las tasas de interés reales.

11.3. Métodos de evaluación de proyectos

Existen dos formas para evaluar proyectos en países extranjeros, el enfoque de moneda nacional y el enfoque en moneda extranjera.

Enfoque de la moneda nacional

Este enfoque consiste en convertir en moneda nacional los flujos de caja expresados en moneda del país extranjero y actualizar los flujos a la tasa de descuento establecida para proyectos en moneda nacional, obteniendo el VAN en moneda nacional.

Para aplicar este enfoque, se debe estimar los tipos de cambio futuros a objeto de convertir en moneda nacional los flujos proyectados en moneda del país extranjero, utilizando la siguiente formula:

$$S_t = S_0 [1 + (R_{NAL} - R_{EXT})]^t$$

Donde:

S_t Tipo de cambio esperado en el año t
S_0 Tipo de cambio actual
R_{NAL} Tasa libre de riesgo nacional
R_{EXT} Tasa libre de riesgo del país extranjero

Enfoque de la moneda extranjera

En este enfoque se debe determinar el rendimiento requerido sobre inversiones en moneda del país extranjero y descontar los flujos de caja en moneda extranjera para determinar el VAN en ésta moneda. Posteriormente se convierte el VAN en moneda extranjera a un VAN en moneda nacional.

Este enfoque requiere que se convierta el rendimiento requerido en moneda nacional a un rendimiento en moneda extranjera, utilizando la siguiente formula:

$$(1 + R_{MN}) = (1 + R_{ME}) (1 + d)$$

$$(1 + R_{ME}) = \frac{(1 + R_{MN})}{(1 + d)}$$

$$R_{ME} = \frac{(1 + R_{MN})}{(1 + d)} - 1$$

Donde:

R_{MN} Rendimiento requerido en moneda nacional

R_{ME} Rendimiento requerido en moneda extranjera

d Tasa de devaluación o apreciación de la moneda nacional respecto a la moneda extranjera, que se puede estimar mediante el diferencial de las tasa de inflación entre los países ($d = h_{NAL} - h_{EXT}$) o mediante el diferencial de las tasas libres de riesgo entre los países ($d = R_{NAL} - R_{EXT}$)

Ejemplo 11.6. Evaluación de proyecto internacional

Nitrox S.A. con sede en Bolivia pretende construir una planta de producción en Estados Unidos. El proyecto requiere de inversiones fijas por US$ 500.000 y se estima que los flujos de caja serán de US$ 200.000 anuales durante los próximos cuatro años.

El tipo de cambio actual es de 7 bolivianos por dólar estadounidense (7 Bs/US$).

La tasa libre de riesgo en Bolivia es 6% y en Estados Unidos 2%.

El rendimiento requerido sobre inversiones de este tipo en moneda nacional (en bolivianos) es 17%.

Evaluar el proyecto mediante el enfoque de la moneda nacional y mediante el enfoque de la moneda extranjera.

Enfoque de la moneda nacional

R_{NAL} = 6%

R_{EXT} = 2%

S_0 = 7 Bs/US$

$$S_t = S_0 [1 + (R_{NAL} - R_{EXT})]^t$$

$$S_t = 7 [1 + (0,06 - 0,02)]^t$$

$$S_t = 7 \times 1,04^t$$

Año	Tipo de cambio esperado
1	$7 \times 1,04^1 = 7,28$
2	$7 \times 1,04^2 = 7,57$
3	$7 \times 1,04^3 = 7,87$
4	$7 \times 1,04^4 = 8,19$

FLUJO DE CAJA DEL PROYECTO

	Año 0	Año 1	Año 2	Año 3	Año 4
Tipo de cambio esperado	7,00	7,28	7,57	7,87	8,19
Flujo de caja en dólares	-500.000	200.000	200.000	200.000	200.000
Flujo de caja en bolivianos	-3.500.000	1.456.000	1.514.240	1.574.810	1.637.802

VAN (17%) = 707.895   Bolivianos

TIR = 26,74%

Enfoque de la moneda extranjera

Cálculo del rendimiento requerido en moneda extranjera:

$$R_{ME} = \frac{(1 + 0,17)}{(1 + 0,04)} - 1$$

$$R_{ME} = 12,50\%$$

FLUJO DE CAJA DEL PROYECTO
En dólares estadounidenses

	Año 0	Año 1	Año 2	Año 3	Año 4
Flujo de caja del proyecto	-500.000	200.000	200.000	200.000	200.000

VAN (12,50%) = 101.128   Dólares estadounidenses

VAN (12,50%) = 707.895   Bolivianos

TIR = 21,86%

La relación entre la tasa interna de retorno en moneda nacional y en moneda extranjera es la siguiente:

$$TIR_{ME} = \frac{(1 + TIR_{MN})}{(1 + devaluación)} - 1$$

$$TIR_{ME} = \frac{(1 + 0,2674)}{(1 + 0,04)} - 1$$

$$TIR_{ME} = 21,86\%$$

Ejemplo 11.7. Evaluación de proyecto internacional

Una compañía estadounidense esta evaluando la implementación de una subsidiaria que se localizará en China.

Los volúmenes de venta proyectados son los siguientes:

	Año 1	Año 2	Año 3	Año 4	Año 5
Volumen de ventas (unidades)	12.000	12.500	13.000	14.000	15.000

El proyecto requiere inversiones en maquinaria y equipo por un valor de YR 1.200.000, los cuales tienen una vida útil de 8 años.

Se estima que el capital de trabajo neto en el período de operación del proyecto representara el 10% de las ventas.

Para financiar el proyecto se contempla contraer un préstamo bancario por YR 400.000 a cinco años plazo, un año de gracia, amortizaciones anuales, tasa de interés del 9% anual, con cuotas fijas a capital.

Los costos fijos actuales ascienden a YR 900.000 por año, el costo variable unitario actual es YR 200 y el precio de venta unitario actual es YR 300.

La tasa del impuesto a las utilidades es 25%.

La tasa de inflación estimada en Estados Unidos es 4% y en China 6%.

El tipo de cambio actual es de 6,58 yuanes por dólar estadounidense.

La tasa libre de riesgo nominal en China es 5%, el rendimiento del mercado nominal 13% y el beta del sector 1,20.

Elaborar el estado de resultados, el flujo de caja del proyecto, el flujo de caja del accionista y calcular el valor actual neto, la tasa interna de retorno y el índice de rentabilidad en términos de yuanes y dólares americanos.

Información básica			
Tasa de inflación en Estados Unidos	4%	Inversión fija (YR)	1.200.000
Tasa de inflación en China	6%	Monto del préstamo (YR)	400.000
Tasa de devaluación del yuan	2%	Plazo (años)	5
Precio de venta unitario actual (YR)	300	Periodo de gracia (años)	1
Costo variable unitario actual (YR)	200	Tasa de interés anual	9%
Costo fijo anual actual (YR)	900.000	Tipo de amortización	Fija a capital

PLAN DE AMORTIZACIÓN
En yuanes

Período (Años)	Saldo préstamo	Capital	Interés	Capital + Interés
1	400.000	0	36.000	36.000
2	400.000	100.000	36.000	136.000
3	300.000	100.000	27.000	127.000
4	200.000	100.000	18.000	118.000
5	100.000	100.000	9.000	109000
		400.000	126.000	526.000

PRONÓSTICO DE VENTAS
En yuanes

Concepto	Año 1	Año 2	Año 3	Año 4	Año 5
Volumen de ventas (unidades)	12.000	12.500	13.000	14.000	15.000
Precio de venta	318,00	337,08	357,30	378,74	401,47
INGRESO BRUTO POR VENTAS	**3.816.000**	**4.213.500**	**4.644.900**	**5.302.360**	**6.022.050**

COSTO VARIABLE TOTAL
En yuanes

Concepto	Año 1	Año 2	Año 3	Año 4	Año 5
Volumen de ventas (unidades)	12.000	12.500	13.000	14.000	15.000
Costo variable unitario	212,00	224,72	238,20	252,50	267,65
COSTO VARIABLE TOTAL	**2.544.000**	**2.809.000**	**3.096.600**	**3.535.000**	**4.014.750**

REQUERIMIENTO DE CAPITAL DE TRABAJO
En yuanes

Concepto	Año 0	Año 1	Año 2	Año 3	Año 4	Año 5
Capital de trabajo neto	381.600	381.600	421.350	464.490	530.236	602.205
Variaciones en el CTN	381.600	0	39.750	43.140	65.746	71.969

ESTADO DE RESULTADOS PROYECTADO
En yuanes

Concepto	Año 1	Año 2	Año 3	Año 4	Año 5
Ingresos por ventas	3.816.000	4.213.500	4.644.900	5.302.360	6.022.050
(-) Costos variables	2.544.000	2.809.000	3.096.600	3.535.000	4.014.750
(-) Costos fijos	954.000	1.011.240	1.071.914	1.136.229	1.204.403
(-) Depreciación	150.000	150.000	150.000	150.000	150.000
EBIT	168.000	243.260	326.386	481.131	652.897
(-) Intereses	36.000	36.000	27.000	18.000	9.000
EBT	132.000	207.260	299.386	463.131	643.897
(-) Impuestos 25%	33.000	51.815	74.846	115.783	160.974
Utilidad neta	99.000	155.445	224.539	347.348	482.923

Determinación del costo del capital accionario

$R_f = 5\%$

$R_m = 13\%$

$\beta = 1,2$

$R_e = R_f + \beta (R_m - R_f) = 5\% + 1,20(13\% - 5\%) = 14,60\%$

Determinación del costo promedio ponderado del capital

$D = 400.000$

$E = 1.181.600$

$D + E = 1.581.600$

$K_d = 9\%$

$K_e = 14,60\%$

$t_x = 25\%$

$$WACC = \frac{E}{D + E} K_e + \frac{D}{D + E} K_d (1 - t_x)$$

$$WACC = \frac{1.181.600}{1.581.600} 14,60\% + \frac{400.000}{1.581.600} 9\% (1 - 0,25)$$

$$\boxed{WACC = \quad 12,61\%}$$

FLUJO DE CAJA DEL PROYECTO
En yuanes

Concepto	Año 0	Año 1	Año 2	Año 3	Año 4	Año 5
EBIT		168.000	243.260	326.386	481.131	652.897
(+) Depreciación		150.000	150.000	150.000	150.000	150.000
(-) Impuestos		-42.000	-60.815	-81.596	-120.283	-163.224
(-) Inversión fija	-1.200.000					
(-) Variaciones CTN	-381.600	0	-39.750	-43.140	-65.746	-71.969
(+) Valor residual inversión fija						450.000
(+) Recuperación CTN						602.205
FLUJO DE CAJA DEL PROYECTO (YR)	-1.581.600	276.000	292.695	351.649	445.102	1.619.909
TIPO DE CAMBIO ESPERADO	6,58	6,71	6,85	6,98	7,12	7,26
FLUJO DE CAJA DEL PROYECTO (US$)	-240.365	41.133	42.729	50.380	62.514	223.128

Rendimiento en YR = 12,61%   Rendimiento en US$ = 10,40%

VAN (YR) = 311.902   VAN(US$) = 47.528

TIR = 18,29%   TIR = 15,98%

IR = 1,20   IR = 1,20

FLUJO DE CAJA DEL ACCIONISTA

En yuanes

Concepto	Año 0	Año 1	Año 2	Año 3	Año 4	Año 5
Utilidad neta		99.000	155.445	224.539	347.348	482.923
(+) Depreciación		150.000	150.000	150.000	150.000	150.000
(-) Inversión fija	-1.200.000					
(-) Variaciones CTN	-381.600	0	-39.750	-43.140	-65.746	-71.969
(+) Préstamo	400.000					
(-) Amortización préstamo		0	-100.000	-100.000	-100.000	-100.000
(+) Valor residual inversión fija						450.000
(+) Recuperación CTN						602.205
FLUJO DE CAJA DEL ACCIONISTA (YR)	**-1.181.600**	**249.000**	**165.695**	**231.399**	**331.602**	**1.513.159**
TIPO DE CAMBIO ESPERADO	**6,58**	**6,71**	**6,85**	**6,98**	**7,12**	**7,26**
FLUJO DE CAJA DEL ACCIONISTA(US$)	**-179.574**	**37.109**	**24.189**	**33.152**	**46.573**	**208.424**

Rendimiento en YR = 14,60%   Rendimiento en US$ = 12,35%

VAN (YR) = 273.374   VAN (US$) = 41.661

TIR = 21,17%   TIR = 18,81%

IR = 1,23   IR = 1,23

Estudio de caso – Evaluación de proyecto de exportación

Se cuenta con la siguiente información de un proyecto de exportación de productos de cuero a implementarse en Bolivia.

1. **Inversiones fijas e inversiones intangibles requeridas (En bolivianos)**

Concepto	Cantidad	Costo unitario	Importe
INVERSIONES FIJAS			
Terreno	2.000 m^2	35	70.000
Obras civiles	600 m^2	1.085	651.000
Maquinaria y equipo	Global		490.000
Muebles y enseres	Global		63.000
Vehículo	1	126.000	126.000
INVERSIONES INTAGIBLES			
Gastos de organización			35.000

2. **Requerimiento de capital de trabajo**

El capital de trabajo debe ser estimado mediante el método de razones financieras, en base a la siguiente información:

El requerimiento mínimo de efectivo será de 1% sobre las ventas anuales.

Las ventas se realizaran a un plazo promedio de 30 días.

El periodo del inventario es de 60 días.

El periodo de pago a proveedores será de 45 días.

3. Estructura del financiamiento

Se contempla financiamiento bancario bajo las siguientes condiciones:

Monto préstamo:	Bs 560.000	
Destino del crédito:	Obras civiles	Bs 210.000
	Maquinaria y equipo	Bs 350.000
Plazo:	5 años	
Periodo de gracia:	1 año	
Amortización:	Anual	
Tasa de interés:	8% anual	
Tipo de amortización:	Cuota fija a capital	

4. Aspectos técnicos

Capacidad instalada: 200.000 unidades / año

El programa de producción contempla los siguientes porcentajes de utilización de la capacidad instalada:

Concepto	Año 1	Año 2	Año 3	Año 4	Año 5
% Utilización capacidad instalada	80%	90%	100%	100%	100%

Para la fabricación de 12 unidades del producto se requiere los siguientes insumos:

Concepto	Unidad	cantidad	Costo unitario
Cuero de res	Pza	1,00	112,00
Sulfuros y cal	Kgr	1,44	1,60
Curtientes	Kgr	2,35	4,20
Recurtientes y engrasantes	Kgr	0,84	11,50
Acabados (Penetrador, ligantes, pigmentos, lacas, thinner,otros)	Kgr	1,04	19,50

5. Presupuesto de ingresos y gastos

El 80% de las ventas estarán destinadas al mercado interno y el 20% será exportado a Estados Unidos.

Precios de venta actuales:	Mercado interno	Bs 20 / unidad
	Exportación	US$ 3,50 / unidad
Tasa de inflación estimada en Bolivia:		5% anual
Tasa de inflación esperada en Estados Unidos:		2% anual
Tipo de cambio actual		7 Bs / US$

Gastos indirectos de fabricación (1er año)

Energía eléctrica, agua	Bs 825 / mes	(Costo variable)
Lubricantes y repuestos	Bs 200 / mes	(Costo variable)
Mantenimiento	Bs 350 / mes	(Costo fijo)

Gastos de administración

Gastos generales	Bs 300 / mes	(Costo fijo)
Seguros	Bs 700 / mes	(Costo fijo)

Gastos de comercialización

Comisiones sobre ventas	1% sobre ventas totales
Gastos de exportación	2% sobre exportaciones

Sueldos y salarios mensuales (1er año)

PLANILLA DE SUELDOS Y SALARIOS MENSUAL
En Bolivianos

CARGO	HABER BÁSICO	NUMERO DE PERSONAS	TOTAL HABER BÁSICO	FONDO DE PENSIONES	FONDO PRO-VIVIENDA	SEGURO SALUD	PREVISIÓN INDEMNIZ.	PREVISIÓN AGUINALDO	TOTAL APORTE PATRONAL	COSTO TOTAL
				1,71%	2,00%	10,00%	8,33%	8,33%	30,37%	
Departamento de administración										
Gerente general	5.000	1	5.000	86	100	500	417	417	1.519	6.519
Secretaria	2.500	1	2.500	43	50	250	208	208	759	3.259
Gerente financiero	4.000	1	4.000	68	80	400	333	333	1.215	5.215
Contador	3.000	1	3.000	51	60	300	250	250	911	3.911
SUB TOTAL										18.904
Departamento de ventas										
Gerente comercial	4.000	1	4.000	68	80	400	333	333	1.215	5.215
Vendedores	2.000	4	8.000	137	160	800	666	666	2.430	10.430
SUB TOTAL										15.644
Departamento de producción										
Jefe de producción	3.500	1	3.500	60	70	350	292	292	1.063	4.563
Operarios	2.400	10	24.000	410	480	2.400	1.999	1.999	7.289	31.289
SUB TOTAL										35.852
TOTAL GENERAL										70.400

Tasas impositivas

Impuesto al valor agregado (IVA)	13%
Impuesto a las transacciones (IT)	3%
Impuesto a las utilidades (IUE)	25%

El impuesto al valor agregado (IVA) es un impuesto indirecto que se determina por diferencia entre el débito y el crédito fiscal y se lo debe considerar en el estado de resultados como una partida deducible de las ventas brutas. El débito fiscal representa el 13% de las ventas brutas. El crédito fiscal representa el 13% de las compras efectuadas con facturas relacionadas con la actividad de la empresa.

El impuesto a las transacciones representa el 3% del importe de las ventas.

El impuesto a las utilidades grava el 25% de la utilidad neta obtenida durante una gestión.

El impuesto a las utilidades de una gestión se considera como pago a cuenta del impuesto a las transacciones de la siguiente gestión.

Si en un año el impuesto a las utilidades fuera mayor al impuesto a las transacciones y no pudiera ser compensado, el saldo se consolida a favor del estado, sin derecho a reintegro o devolución.

El proyecto contará con certificados de devolución impositiva (Cedeim).

Los Cedeim son valores fiscales emitidos por el servicio de impuestos nacionales, otorgado a los exportadores por concepto de devolución del impuesto al valor agregado sobre el valor FOB de la exportación. Los Cedeim son valores negociables que pueden ser utilizados para el pago de impuestos.

6. **Información para determinar el costo del capital accionario**

Tasa libre de riesgo nominal (En Bolivia)	5%
Rendimiento del mercado nominal (En Bolivia)	12%
Beta del sector	1,20

a) Elaborar el plan de inversiones y estructura del financiamiento

b) Elaborar el estado de resultados proyectado en términos nominales.

c) Elaborar el flujo de caja del proyecto y calcular el valor actual neto, la tasa interna de retorno y el índice de rentabilidad.

d) Elaborar el flujo de caja del accionista y calcular el valor actual neto, la tasa interna de retorno y el índice de rentabilidad.

e) Elaborar el cuadro de fuentes y usos de fondos, considerando que se distribuye el 60% de las utilidades netas como dividendos.

f) Elaborar el balance general proyectado.

g) Determinar los índices de liquidez, endeudamiento, eficiencia y de rentabilidad para los estados financieros proyectados.

PLAN DE INVERSIONES Y ESTRUCTURA DEL FINANCIAMIENTO
En Bolivianos

Concepto	Cantidad	Precio unitario	Monto total	Fuentes de financiamiento		
				Crédito	Aporte propio	Otros financiam.
INVERSIONES FIJAS						
Terreno	2.000 m²	35	70.000		70.000	
Obras civiles	600 m²	1.085	651.000	210.000	441.000	
Maquinaria y equipo	Global	0	490.000	350.000	140.000	
Muebles y enseres	Global	0	63.000		63.000	
Vehículo	1	126.000	126.000		126.000	
SUB TOTAL			1.400.000	560.000	840.000	0
INVERSIONES INTAGIBLES						
Gastos de organización			35.000		35.000	
SUB - TOTAL			35.000		35.000	
CAPITAL DE TRABAJO						
Capital de trabajo			751.725		430.742	320.982
SUB TOTAL			751.725		430.742	320.982
TOTAL			2.186.725	560.000	1.305.742	320.982
PORCENTAJE			100,0%	25,6%	59,7%	14,7%

Monto del préstamo (Bs) 560.000
Plazo (Años) 5
Período de gracia (años) 1
Tasa de interés 8%
Amortización Anual
Tipo de amortización Cuota fija a capital

PLAN DE PAGOS
En Bolivianos

Período (Años)	Saldo préstamo	Capital	Interés	Capital + Interés
1	560.000	0	44.800	44.800
2	560.000	140.000	44.800	184.800
3	420.000	140.000	33.600	173.600
4	280.000	140.000	22.400	162.400
5	140.000	140.000	11.200	151.200
		560.000	156.800	716.800

Tasa de inflación en Bolivia	5%
Tasa de inflación en Estados Unidos	2%
Tasa de devaluación moneda nacional	3%
Tipo de cambio actual	7,00 Bs/US$
Precio de venta unitario actual mercado interno	20,00 Bs
Precio de venta unitario actual mercado externo	3,50 US$

Concepto	Año 0	Año 1	Año 2	Año 3	Año 4	Año 5
Tipo de cambio proyectado (Bs/US$)	7,00	7,21	7,43	7,65	7,88	8,12

Capacidad instalada   200.000 Unidades/año

PRONOSTICO DE VENTAS

En Bolivianos

Concepto	Año 1	Año 2	Año 3	Año 4	Año 5
% Utilización capacidad instalada	80%	90%	100%	100%	100%
Volumen de producción (unidades)	160.000	180.000	200.000	200.000	200.000
MERCADO INTERNO (80%)					
Volumen de producción (unidades)	128.000	144.000	160.000	160.000	160.000
Precio de venta (Bs)	21,00	22,05	23,15	24,31	25,53
SUB - TOTAL	2.688.000	3.175.200	3.704.000	3.889.600	4.084.800
EXPORTACIÓN (20%)					
Volumen de producción (unidades)	32.000	36.000	40.000	40.000	40.000
Precio de venta (US$)	3,57	3,64	3,71	3,78	3,86
Precio de venta (Bs)	25,74	27,05	28,38	29,79	31,34
SUB - TOTAL	823.680	973.800	1.135.200	1.191.600	1.253.600
INGRESO BRUTO POR VENTAS	3.511.680	4.149.000	4.839.200	5.081.200	5.338.400

HOJA DE COSTO					
En Bolivianos					

Producto:	Articulos de cuero			Cantidad:	12 unid.

Concepto	Unidad	cantidad	Costo unitario	Costo total
Materia prima e insumos				
Cuero de res	Pza	1,00	112,00	112,00
Sulfuros y cal	Kgr	1,44	1,60	2,30
Curtientes	Kgr	2,35	4,20	9,87
Recurtientes y engrasantes	Kgr	0,84	11,50	9,66
Acabados (Penetrador, ligantes, pigmentos, lacas, thinner,otros)	Kgr	1,04	19,50	20,28
		Costo total		154,11
		Costo unitario		12,84

COSTO DE PRODUCCIÓN
En Bolivianos

Concepto	Año 1	Año 2	Año 3	Año 4	Año 5
Volumen de producción (unidades)	160.000	180.000	200.000	200.000	200.000
Costo de producción unitario materia prima	13,48	14,15	14,86	15,60	16,38
MATERIA PRIMA E INSUMOS	2.156.800	2.547.000	2.972.000	3.120.000	3.276.000
MANO DE OBRA DIRECTA	430.224	451.735	474.322	498.038	522.940
GASTOS INDIRECTOS DE FABRICACIÓN					
Energia electrica, agua	9.900	11.697	13.642	14.325	15.050
Combustible y lubricantes	2.400	2.836	3.307	3.473	3.648
Mantenimiento	4.200	4.410	4.631	4.862	5.105
COSTO DE PRODUCCIÓN	**2.603.524**	**3.017.677**	**3.467.902**	**3.640.697**	**3.822.743**

Periodo de cobro	30 dias
Periodo del inventario	60 dias
Periodo de pago	45 dias

REQUERIMIENTO DE CAPITAL DE TRABAJO
En Bolivianos

Concepto	Año 0	Año 1	Año 2	Año 3	Año 4	Año 5
Efectivo (1% sobre ventas)	35.117	35.117	41.490	48.392	50.812	53.384
Cuentas por cobrar	288.631	288.631	341.014	397.742	417.633	438.773
Inventarios	427.977	427.977	496.057	570.066	598.471	628.396
Cuentas por pagar	320.982	320.982	372.042	427.550	448.853	471.297
CAPITAL DE TRABAJO NETO	**430.742**	**430.742**	**506.518**	**588.651**	**618.063**	**649.256**
VARIACIONES CTN	**430.742**	**0**	**75.776**	**82.133**	**29.412**	**31.193**

GASTOS DE ADMINISTRACIÓN
En Bolivianos

Concepto	Año 1	Año 2	Año 3	Año 4	Año 5
Sueldos y salarios departamento administración	226.848	238.190	250.100	262.605	275.735
Gastos generales	3.600	3.780	3.969	4.167	4.376
Seguro	8.400	8.820	9.261	9.724	10.210
GASTOS DE ADMINISTRACIÓN	**238.848**	**250.790**	**263.330**	**276.496**	**290.321**

GASTOS DE COMERCIALIZACIÓN
En Bolivianos

Concepto	Año 1	Año 2	Año 3	Año 4	Año 5
Sueldos y salarios departamento de ventas	187.728	197.114	206.970	217.319	228.185
Comisiones sobre ventas (1% sobre ventas)	35.117	41.490	48.392	50.812	53.384
Gastos de exportación (2% sobre exportaciones)	16.474	19.476	22.704	23.832	25.072
GASTOS DE COMERCIALIZACIÓN	**239.318**	**258.080**	**278.066**	**291.963**	**306.641**

CUADRO DE DEPRECIACIÓN DEL ACTIVO FIJO Y AMORTIZACIÓN DE ACTIVOS INTANGIBLES
En Bolivianos

Concepto	Valor del activo	Vida util (Años)	Depreciación anual	Valor residual 5° Año	Valor de mercado 5° Año
INVERSIONES FIJAS					
Terreno	70.000		0	70.000	
Obras civiles	651.000	40	16.275	569.625	
Maquinaria y equipo	490.000	8	61.250	183.750	
Muebles y enseres	63.000	10	6.300	31.500	
Vehículo	126.000	5	25.200	0	
INVERSIONES INTANGIBLES					
Gastos de organización	35.000	5	7.000	0	
TOTAL	**1.435.000**		**116.025**	**854.875**	**0**

CALCULO DEL IMPUESTO AL VALOR AGREGADO
En Bolivianos

Concepto	Año 1	Año 2	Año 3	Año 4	Año 5
IVA - DEBITO FISCAL					
Ventas brutas	3.511.680	4.149.000	4.839.200	5.081.200	5.338.400
IVA - Débito fiscal (13% sobre ventas brutas)	456.518	539.370	629.096	660.556	693.992
IVA - CREDITO FISCAL					
Gastos con factura					
Materia prima e insumos	2.156.800	2.547.000	2.972.000	3.120.000	3.276.000
Energia electrica, agua	9.900	11.697	13.642	14.325	15.050
Combustible y lubricantes	2.400	2.836	3.307	3.473	3.648
Mantenimiento	4.200	4.410	4.631	4.862	5.105
Gastos generales	3.600	3.780	3.969	4.167	4.376
Seguros	8.400	8.820	9.261	9.724	10.210
Gastos de exportación	16.474	19.476	22.704	23.832	25.072
Total gastos con factura	2.201.774	2.598.018	3.029.514	3.180.383	3.339.461
IVA - Crédito fiscal(13% sobre gastos con factura)	286.231	337.742	393.837	413.450	434.130

CALCULO DE LOS CERTIFICADOS DE DEVOLUCIÓN IMPOSITIVA (CEDEIM)
En Bolivianos

Concepto	Año 1	Año 2	Año 3	Año 4	Año 5
Valor FOB de las exportaciones	807.206	954.324	1.112.496	1.167.768	1.228.528
Valor Cedeim del periodo (13% s/Valor FOB)	104.937	124.062	144.624	151.810	159.709

CALCULO DEL IMPUESTO A LAS TRANSACCIONES
En Bolivianos

Concepto	Año 1	Año 2	Año 3	Año 4	Año 5
Ventas brutas	3.511.680	4.149.000	4.839.200	5.081.200	5.338.400
Impuesto a las transacciones bruto (3% s/Ventas)	105.350	124.470	145.176	152.436	160.152
(-) Impuesto a las utilidades anterior gestión	0	50.953	96.015	147.411	159.581
Impuesto a las transacciones neto	105.350	73.517	49.161	5.025	571

CALCULO DEL IMPUESTO A LAS UTILIDADES (ESTADO DE RESULTADOS)
En Bolivianos

Concepto	Año 1	Año 2	Año 3	Año 4	Año 5
E.B.T.	98.463	310.545	540.481	633.297	690.745
(+) Impuesto a las transacciones	105.350	73.517	49.161	5.025	571
E.B.T. sin impuesto a las transacciones	203.814	384.061	589.642	638.322	691.316
Impuesto a las utilidades (25% s/EBT sin IT)	50.953	96.015	147.411	159.581	172.829

CALCULO DEL IMPUESTO A LAS UTILIDADES (FLUJO DE CAJA DEL PROYECTO)
En Bolivianos

Concepto	Año 1	Año 2	Año 3	Año 4	Año 5
E.B.I.T.	143.263	355.345	574.081	655.697	701.945
(+) Impuesto a las transacciones	105.350	73.517	49.161	5.025	571
E.B.I.T. sin impuesto a las transacciones	248.614	428.861	623.242	660.722	702.516
Impuesto a las utilidades (25% s/EBIT sin IT)	62.153	107.215	155.811	165.181	175.629

ESTADO DE RESULTADOS PROYECTADO
En Bolivianos

Concepto	Año 1	Año 2	Año 3	Año 4	Año 5
Ventas brutas	3.511.680	4.149.000	4.839.200	5.081.200	5.338.400
(-) IVA - Débito fiscal	456.518	539.370	629.096	660.556	693.992
(+) IVA - Crédito fiscal	286.231	337.742	393.837	413.450	434.130
(+) Cedeim	104.937	124.062	144.624	151.810	159.709
Ventas netas	3.446.329	4.071.434	4.748.565	4.985.904	5.238.247
(-) Costo de producción	2.603.524	3.017.677	3.467.902	3.640.697	3.822.743
(-) Gastos de administración	238.848	250.790	263.330	276.496	290.321
(-) Gastos de comercialización	239.318	258.080	278.066	291.963	306.641
(-) Depreciación y amortización	116.025	116.025	116.025	116.025	116.025
(-) Impuesto a las transacciones	105.350	73.517	49.161	5.025	571
E.B.I.T.	143.263	355.345	574.081	655.697	701.945
(-) Intereses	44.800	44.800	33.600	22.400	11.200
E.B.T.	98.463	310.545	540.481	633.297	690.745
(-) Impuesto a las utilidades	50.953	96.015	147.411	159.581	172.829
Utilidad neta	47.510	214.529	393.071	473.716	517.916

DETERMINACIÓN DEL COSTO DEL CAPITAL ACCIONARIO

$R_f = 5\%$

$R_m = 12\%$

$\beta = 1,20$

$K_e = R_f + \beta (R_m - R_f) = 5\% + 1,20(12\% - 5\%) = 13,4\%$

DETERMINACIÓN DEL COSTO PROMEDIO PONDERADO DEL CAPITAL

$D = 560.000$

$E = 1.305.742$

$D + E = 1.865.742$

$K_d = 8\%$

$K_e = 13,4\%$

$t_x = 25\%$

$$WACC = \frac{E}{D + E} \; K_e + \frac{D}{D + E} \; K_d \; (1 - t_x)$$

$$WACC = \frac{1.305.742}{1.865.742} \; 13,4\% + \frac{560.000}{1.865.742} \; 8\% \; (1 - 0,25)$$

$$\boxed{WACC = 11,18\%}$$

FLUJO DE CAJA DEL PROYECTO
En Bolivianos

Concepto	Año 0	Año 1	Año 2	Año 3	Año 4	Año 5
E.B.I.T.		143.263	355.345	574.081	655.697	701.945
(+) Depreciación y amortización		116.025	116.025	116.025	116.025	116.025
(-) Impuesto a las utilidades		-62.153	-107.215	-155.811	-165.181	-175.629
(-) Inversiones fijas	-1.400.000					
(-) Inversiones intangibles	-35.000					
(-) Variaciones CTN	-430.742	0	-75.776	-82.133	-29.412	-31.193
(+) Valor residual inversiones fijas						854.875
(+) Recuperación CTN						649.256
FLUJO DE CAJA DEL PROYECTO	**-1.865.742**	**197.135**	**288.379**	**452.163**	**577.130**	**2.115.278**

Rendimiento requerido = 11,18%
VAN = 496.784
TIR = 18,10%
IR = 1,27

FLUJO DE CAJA DEL ACCIONISTA
En Bolivianos

Concepto	Año 0	Año 1	Año 2	Año 3	Año 4	Año 5
Utilidad neta		47.510	214.529	393.071	473.716	517.916
(+) Depreciación y amortización		116.025	116.025	116.025	116.025	116.025
(-) Inversiones fijas	-1.400.000					
(-) Inversiones intangibles	-35.000					
(-) Variaciones CTN	-430.742	0	-75.776	-82.133	-29.412	-31.193
(+) Préstamo	560.000					
(-) Amortización préstamo		0	-140.000	-140.000	-140.000	-140.000
(+) Valor residual inversiones fijas						854.875
(+) Recuperación CTN						649.256
FLUJO DE CAJA DEL ACCIONISTA	**-1.305.742**	**163.535**	**114.779**	**286.963**	**420.330**	**1.966.878**

Rendimiento requerido = 13,40%
VAN = 427.531
TIR = 21,55%
IR = 1,33

FUENTES Y USOS DE FONDOS

En Bolivianos

Concepto	Año 0	Año 1	Año 2	Año 3	Año 4	Año 5
FUENTES						
Ventas netas		3.446.329	4.071.434	4.748.565	4.985.904	5.238.247
Préstamo	560.000					
Aporte propio	1.305.742					
TOTAL FUENTES	**1.865.742**	**3.446.329**	**4.071.434**	**4.748.565**	**4.985.904**	**5.238.247**
USOS						
Inversiones fijas	1.400.000					
Inversiones intangibles	35.000					
Capital de trabajo neto	430.742	0	75.776	82.133	29.412	31.193
Costo de producción		2.603.524	3.017.677	3.467.902	3.640.697	3.822.743
Gastos de administración		238.848	250.790	263.330	276.496	290.321
Gastos de comercialización		239.318	258.080	278.066	291.963	306.641
Impuesto a las transacciones		105.350	73.517	49.161	5.025	571
Intereses		44.800	44.800	33.600	22.400	11.200
Amortización préstamo		0	140.000	140.000	140.000	140.000
Impuesto a las utilidades		50.953	96.015	147.411	159.581	172.829
Dividendos		28.506	128.718	235.843	284.230	310.750
TOTAL USOS	**1.865.742**	**3.311.300**	**4.085.373**	**4.697.445**	**4.849.804**	**5.086.248**
EXCEDENTE / DEFICIT	**0**	**135.029**	**-13.939**	**51.120**	**136.100**	**151.998**
SALDO ACUMULADO	**0**	**135.029**	**121.090**	**172.210**	**308.310**	**460.308**

BALANCE GENERAL PROYECTADO

En Bolivianos

Concepto	Año 0	Año 1	Año 2	Año 3	Año 4	Año 5
ACTIVO						
CIRCULANTE						
Efectivo		135.029	121.090	172.210	308.310	460.308
Efectivo mínimo	35.117	35.117	41.490	48.392	50.812	53.384
Cuentas por cobrar	288.631	288.631	341.014	397.742	417.633	438.773
Inventarios	427.977	427.977	496.057	570.066	598.471	628.396
TOTAL ACTIVO CIRCULANTE	751.725	886.754	999.650	1.188.411	1.375.226	1.580.861
FIJO E INTANGIBLE						
Activo fijo bruto	1.435.000	1.435.000	1.435.000	1.435.000	1.435.000	1.435.000
(-) Depreciación acumulada	0	116.025	232.050	348.075	464.100	580.125
ACTIVO FIJO NETO	1.435.000	1.318.975	1.202.950	1.086.925	970.900	854.875
TOTAL ACTIVO	**2.186.725**	**2.205.729**	**2.202.600**	**2.275.336**	**2.346.126**	**2.435.736**
PASIVO						
CIRCULANTE						
Cuentas por pagar	320.982	320.982	372.042	427.550	448.853	471.297
PASIVO LARGO PLAZO						
Prestamos bancarios largo plazo	560.000	560.000	420.000	280.000	140.000	0
TOTAL PASIVO	880.982	880.982	792.042	707.550	588.853	471.297
PATRIMONIO NETO						
Capital	1.305.742	1.305.742	1.305.742	1.305.742	1.305.742	1.305.742
Utilidades acumuladas		19.004	104.816	262.044	451.530	658.697
TOTAL PATRIMONIO NETO	1.305.742	1.324.746	1.410.558	1.567.786	1.757.273	1.964.439
TOTAL PASIVO Y PATRIMONIO	**2.186.725**	**2.205.729**	**2.202.600**	**2.275.336**	**2.346.126**	**2.435.736**

INDICADORES FINANCIEROS						
INDICADOR	FORMULA	Año 1	Año 2	Año 3	Año 4	Año 5
INDICADORES DE LIQUIDEZ						
Capital de trabajo neto	Activo circulante - Pasivo circul.	565.771	627.608	760.861	926.373	1.109.564
Razón del capital de trabajo neto	$\frac{\text{Capital de trabajo neto}}{\text{Activo}}$	0,26	0,28	0,33	0,39	0,46
Razón circulante	$\frac{\text{Activo circulante}}{\text{Pasivo circulante}}$	2,76	2,69	2,78	3,06	3,35
Prueba ácida	$\frac{\text{Activo circulante - Inventarios}}{\text{Pasivo circulante}}$	1,43	1,35	1,45	1,73	2,02
INDICADORES DE ENDEUDAMIENTO						
Razón deuda activos	$\frac{\text{Pasivo}}{\text{Activo}}$	0,40	0,36	0,31	0,25	0,19
Razón deuda patrimonio	$\frac{\text{Pasivo}}{\text{Patrimonio neto}}$	0,67	0,56	0,45	0,34	0,24
Apalancamiento financiero	$\frac{\text{Activo}}{\text{Patrimonio neto}}$	1,67	1,56	1,45	1,34	1,24
Razón de cobertura de intereses	$\frac{\text{EBIT}}{\text{Intereses}}$	3,20	7,93	17,09	29,27	62,67
Razón de cobertura de efectivo	$\frac{\text{EBIT + Depreciación}}{\text{Intereses}}$	5,79	10,52	20,54	34,45	73,03
INDICADORES DE EFICIENCIA						
Rotación del activo	$\frac{\text{Ventas}}{\text{Activo}}$	1,59	1,88	2,13	2,17	2,19
Rotación cuentas por cobrar	$\frac{\text{Ventas}}{\text{Cuentas por cobrar}}$	12,17	12,17	12,17	12,17	12,17
Periodo de cobro (dias)	$\frac{365}{\text{Rotación cuentas por cobrar}}$	30,00	30,00	30,00	30,00	30,00
Rotación de inventarios	$\frac{\text{Costo de ventas}}{\text{Inventario promedio}}$	6,08	6,53	6,51	6,23	6,23
Período del inventario (dias)	$\frac{365}{\text{Rotación de inventarios}}$	60,00	55,88	56,11	58,58	58,57
Rotación cuentas por pagar	$\frac{\text{Costo de ventas}}{\text{Cuentas por pagar}}$	8,11	8,11	8,11	8,11	8,11
Periodo de pago (dias)	$\frac{365}{\text{Rotación cuentas por pagar}}$	45,00	45,00	45,00	45,00	45,00
INDICADORES DE RENTABILIDAD						
Margen de utilidad bruta	$\frac{\text{Utilidad bruta}}{\text{Ventas}}$	24,46%	25,88%	26,97%	26,98%	27,02%
Margen de utilidad operativa	$\frac{\text{EBIT}}{\text{Ventas}}$	4,16%	8,73%	12,09%	13,15%	13,40%
Margen de utilidad neta	$\frac{\text{Utilidad neta}}{\text{Ventas}}$	1,38%	5,27%	8,28%	9,50%	9,89%
Rendimiento sobre las inversiones - ROI	$\frac{\text{EBIT}}{\text{Activo}}$	6,50%	16,13%	25,23%	27,95%	28,82%
Rendimiento sobre los activos - ROA	$\frac{\text{Utilidad neta}}{\text{Activo}}$	2,15%	9,74%	17,28%	20,19%	21,26%
Rendimiento sobre el capital - ROE	$\frac{\text{Utilidad neta}}{\text{Patrimonio neto}}$	3,59%	15,21%	25,07%	26,96%	26,36%
INDICADORES MULTIDIMENSIONALES						
Indice Z de Altman	1,2 CTN/Activo + 1,4 Utilidades acum/Activos + 3,3 EBIT/Activo + 0,6 Patrimonio/Pasivo + 1,0 Ventas/Activo	3,00	3,86	4,81	5,58	6,53

Preguntas y problemas

1. **Tipos de cambio y tasas cruzadas**

   En base a la información que se presenta a continuación, determinar:
   a) Cuantos euros se podría obtener con US$ 5.000.
   b) A cuantos dólares americanos equivalen 20.000 libras esterlinas.
   c) Cuantos yuanes se podría obtener con 10.000 dólares americanos.
   d) A cuantos dólares americanos equivalen 100.000 pesos chilenos.
   e) La tasa cruzada entre el franco suizo y la libra esterlina.
   f) La tasa cruzada entre el yuan renminbí y el dólar canadiense.
   g) La tasa cruzada entre el euro y el franco suizo.
   h) La tasa cruzada entre el yen y el yuan.
   i) En base a la paridad absoluta del poder de compra, cual sería el costo de una cerveza de una determinada marca en la India, si el precio en Australia es de 2 dólares australianos.
   j) Si la tasa cruzada entre el yen y el euro fuera 105 ¥ / € , existiría alguna posibilidad de arbitraje? Si la hay, explique la manera como podría aprovecharse esta inadecuada fijación del tipo de cambio.

COTIZACIÓN DE MONEDAS
Al 28 de febrero de 2011

País	Unidad monetaria	Cotización Directa US$/Mon.	Cotización Indirecta Mon./US$
Australia	Dólar australiano	0,9999	1,0001
Canadá	Dólar canadiense	1,0081	0,9920
Chile	Peso chileno	0,0021	473,8461
China	Yuan renminbí	0,1520	6,5790
India	Rupia india	0,0221	45,3172
Japón	Yen	0,0121	82,5566
México	Peso mexicano	0,0820	12,1951
Reino Unido	Libra esterlina	1,6184	0,6179
Suecia	Corona sueca	0,1561	6,4061
Suiza	Franco suizo	1,0709	0,9338
Unión europea (*)	Euro	1,3746	0,7275

(*) 15 de los 27 paises miembros

2. **Tasas de interés y arbitraje**

   El gerente financiero de una empresa de Estados Unidos tiene US$ 300.000 para invertirlos a un plazo de tres meses. La tasa de interés en Estados Unidos es 6% anual y la de Suiza 9%. El tipo de cambio al contado es CHF 0,9338 y la tasa forward a tres meses CHF 0,9520. En que país debería invertir los fondos?

3. **Inflación y tipos de cambio**

   El tipo de cambio actual de la libra esterlina es de £ 0,6179 y el tipo de cambio esperado a tres años es de £ 0,7510. Cual sería la diferencia entre las tasas de inflación del Reino Unido y de Estados Unidos a lo largo de este período?

4. **Tipos de cambio y arbitraje**

   La tasa spot y la tasa forward a 180 días del yen japonés es de ¥ 82,56 y ¥ 85,20 respectivamente. La tasa libre de riesgo en el Japón es del 5% y en Estados Unidos 2%.
   a) Indique si existe oportunidad de arbitraje y como lo explotaría.
   b) Cual debería ser la tasa a 180 días para prevenir el arbitraje?
   c) Cual es la diferencia entre las tasas de inflación entre Japón y Estados Unidos?

5. **Efecto internacional de Fisher**
   La tasa de inflación en Estados Unidos es 3,2% y la tasa libre de riesgo 4,8%.
   a) Cual sería la tasa de inflación en Canadá si la tasa libre de riesgo en este país es 6,5%?
   b) Cual sería la tasa de inflación en Suecia si la tasa libre de riesgo en este país es 7,5%?

6. **Evaluación de proyecto internacional**
   Una empresa con sede en Suiza esta evaluando la apertura de una subsidiaria en Estados Unidos. La inversión fija requerida asciende a US$ 560.000 y los flujos de efectivo del proyecto se estiman en US$ 230.000 anuales a lo largo de los próximos cuatro años. El tipo de cambio actual es de CHF 0,9338 por dólar estadounidense. La tasa libre de riesgo en Suiza es 5% y en Estados Unidos es 3%. El rendimiento requerido en francos suizos es 12% anual. Evaluar el proyecto mediante el enfoque de la moneda nacional y mediante el enfoque de la moneda extranjera.

7. **Evaluación de proyecto internacional**
   Una empresa estadounidense esta evaluando la implementación de una subsidiaria que se localizará en Suiza, de la que se dispone la siguiente información:

Inversiones fijas requeridas

Terreno	CHF 75.000
Construcciones	CHF 110.000
Maquinaria y equipo	CHF 150.000
Muebles y enseres	CHF 12.000

Capital de trabajo
Se estima que el capital de trabajo neto en cada periodo del proyecto representará el 25,75% de las ventas.

Financiamiento
Se contempla financiamiento bancario por CHF 140.000 en las siguientes condiciones:

Plazo:	5 años
Periodo de gracia:	1 año
Amortización:	Anual
Tasa de interés:	7% anual
Tipo de amortización:	Fija a capital

Aspectos técnicos
La capacidad instalada de la planta industrial es de 18.000 unidades / año.
El programa de producción contempla los siguientes porcentajes de utilización de la capacidad instalada:

	Año 1	Año 2	Año 3	Año 4	Año 5
% Utilización capacidad instalada	80%	90%	100%	100%	100%

Presupuesto de ingresos y gastos
Se estima una tasa de inflación del 4% anual en Suiza y 3% en Estados Unidos.
El tipo de cambio actual es de 0,9338 francos suizos por dólar estadounidense.
El precio de venta unitario actual es CHF 21.
El costo de producción unitario actual es CHF 11.
Los gastos de administración actuales se han estimado en CHF 20.000, como costo fijo.
Los gastos de comercialización actuales se han estimado en CHF 25.000 como costo fijo y el 5% de las ventas de cada período como costo variable.
La tasa del impuesto a las utilidades es 25%.

Información para determinar el costo del capital accionario

Tasa libre de riesgo en Suiza	3,5%
Rendimiento del mercado en Suiza	11,5%
Beta del sector	1,35

Elaborar el estado de resultados, el flujo de caja del proyecto, el flujo de caja del accionista y calcular el valor actual neto, la tasa interna de retorno y el índice de rentabilidad en términos de francos suizos y dólares americanos.

Respuestas a problemas selectos de fin de capítulo

Capítulo 1

5. Cuota fija a capital US$ 5.000
   Interés último período US$ 300

6. Cuota fija a capital e interés US$ 21.645,62
   Capital último período US$ 19.500,56
   Interés último período US$ 2.145,06

7. Cuota fija a capital US$ 3.500
   Interés último período US$ 192,50

8. Cuota fija a capital e interés US$ 3.014,42
   Capital último período US$ 2.817,22
   Interés último período US$ 197,20

Capítulo 2

1. Año 1   US$ 29.330
   Año 2   US$ 39.107
   Año 3   US$ 48.884

2. US$ 12.692

3. US$ 8.533

Capítulo 3

1. PRI_A = 2,75 años
   PRI_B = 3,38 años

2. PRD = 3,15 años
   VAN = US$ 9.688

3. PRI = 3,2 años
   PRD = 3,87 años
   VAN = US$ 12.781

4. PRI = 4,63 años
   PRD = 6,83 años
   VAN = US$ 13.945

5. VAN (16%) = US$ 4.969
   VAN (10%) = US$ 18.042
   TIR = 18,69%

6. TIR = 18,80%

7. IR = 1,13

8. PRI_A = 3,46 años
   PRD_A = 4,01 años
   VAN_A = - US$ 105
   TIR_A = 16,81%
   IR_A = 0,99

   PRI_B = 2,25 años
   PRD_B = 3,85 años
   VAN_B = US$ 274
   TIR_B = 18,00%
   IR_B = 1,02

9. VAN_A = US$ 495
   VAN_B = - US$ 584
   TIR_A = 17,38%
   TIR_B = 16,65%
   Tasa de cruce = 13,91%

10. VAN_A = - US$ 802
    VAN_B = US$ 641
    TIR_A = 9,10%
    TIR_B = 10,50%
    Tasa de cruce = 13,85%

11. Dos tasas internas de retorno
    VAN = US$ 13.361

Capítulo 4

1. 40.000 unidades

2. a) 7.500 unidades
   b) 19.500 unidades

3. a) Utilidad neta US$ 32.400
      Punto de equilibrio 720 unidades
   b) Utilidad neta US$ 39.150
      Punto de equilibrio 678 unidades
   c) Utilidad neta US$ 35.400
      Punto de equilibrio 645 unidades

4. a) 62,50%
   b) 4.750 unidades
   c) 3.699 unidades

5. a) 5.000 unidades
   b) 7.447 unidades
   c) 8.255 unidades
   d) Utilidad neta primer mercado US$ 26.250
      Utilidad neta segundo mercado US$ 21.000

6. a) 39.286 unidades
   b) US$ 18,13

7. a) 27.179 unidades
   b) 31.940 unidades

8. a) US$ 1.740.000
   b) 94.722 unidades

9. Punto de equilibrio contable
   Producto A 36.585 Kgr
   Producto B 18.293 Litros
   Producto C 14.634 Litros

Capítulo 5

1. Flujo de caja de operación = US$ 22.800

2. Gastos netos de capital = US$ 54.200

3. Variaciones en el CTN = US$ 6.600

4. Flujo de caja libre
   Año 0   - US$ 185.000
   Año 1   US$ 119.250
   Año 2   US$ 130.400
   Año 3   US$ 126.650
   Año 4   US$ 139.550
   Año 5   US$ 172.850

   Flujo de caja del accionista
   Año 0   - US$ 145.000
   Año 1   US$ 107.650
   Año 2   US$ 119.520
   Año 3   US$ 116.490
   Año 4   US$ 130.110
   Año 5   US$ 164.130

Capítulo 6

1. FCO = US$ 5.450

2. VAN = US$ 40.927
   TIR = 21,13%
   IR = 1,20

3. a) PRI = 3,13 años
      PRD = 4,16 años
      VAN = US$ 148.408
      TIR = 22,21%
      IR = 1,20
   b) VAN = US$ 138.859
      TIR = 27,59%
      IR = 1,25
   c) PE = 11.485 unidades
   d) Balance general – Total activo
      Año 0   US$ 780.000
      Año 1   US$ 920.250
      Año 2   US$ 1.052.750
      Año 3   US$ 1.226.125
      Año 4   US$ 1.482.625
      Año 5   US$ 1.733.375

4. Utilidades netas proyectadas
   Año 1   US$ 56.772
   Año 2   US$ 150.687
   Año 3   US$ 185.682
   Año 4   US$ 267.466
   Año 5   US$ 312.484

   Flujo de caja del proyecto
   PRI = 3,84 años
   PRD = 4,77 años
   VAN = US$ 401.007
   TIR = 22,97%
   IR = 1,45

   Flujo de caja del accionista
   VAN = US$ 341.313
   TIR = 28,99%
   IR = 1,57

   Balance general – Total activo
   Año 0   US$ 919.494
   Año 1   US$ 953.557
   Año 2   US$ 977.045
   Año 3   US$ 1.017.733
   Año 4   US$ 1.110.333
   Año 5   US$ 1.226.857

Capítulo 7

1. 11,88%

2. 18,68%

3. 12,96%

4. E = 62
   D = 38
   D/E = 0,6129

Capítulo 8

1. Tasa real = 10,58%
   VAN$_A$ = US$ 1.449
   VAN$_B$ = US$ 119

2. VAN = US$ 59.698
   TIR$_{Nominal}$ = 23,45%
   TIR$_{Real}$ = 19,85%

Capítulo 9

1. VAN = US$ 3.700
   TIR = 15,54%

2. VAN = US$ 7.144
   TIR = 12,79%

3. CAE$_{Maq\ I}$ = - US$ 72.673
   CAE$_{Maq\ II}$ = - US$ 71.104

4. US$ 6,81

5. US$ 11,92

Capítulo 10

1. Caso base
   VAN = US$ 95.700   TIR = 18,85%

   Peor caso
   VAN = - US$ 305.970   TIR = - 3,11%

   Mejor caso
   VAN = US$ 534.448   TIR = 39,39%

2. Mejor caso
   Cantidad   110.000 unidades
   Precio de venta   US$ 17,60
   Costo variable unitario US$ 8,10
   Costo fijo anual   US$ 360.000

   Peor caso
   Cantidad   90.000 unidades

   Precio de venta   US$ 14,40
   Costo variable unitario US$ 9,90
   Costo fijo anual   US$ 440.000

3. a) VAN = US$ 220.645   TIR = 21,57%
   b) VAN = US$ 35.991   TIR = 14,43%
   c) VAN = - US$ 95.906   TIR = 9,10%

4. a) VAN = US$ 77.863   TIR = 24,88%
   b) VAN = - US$ 8.520   TIR = 16,11%

Capítulo 11

1. a) € 3.637,50
   b) US$ 32.370
   c) YR 65.790
   d) US$ 210
   e) 1,5112 CHF/£
   f) 6,6321 YR/$Can
   g) 0,7791 €/CHF
   h) 12,5485 ¥/YR
   i) 90,63 Rupias
   j) Si existe posibilidad de arbitraje porque
      La tasa cruzada debería ser 113,48 ¥/€

2. En Estados Unidos
   En tres meses tendría US$ 304.500

3. 6,72%

4. a) Si existe posibilidad de arbitraje
   b) 83,79 ¥/US$
   c) 3%

5. a) 4,9%
   b) 5,9%

6. VAN (9,8%) = US$ 172.174
   VAN (12%) = CHF 160.776
   TIR$_{US$}$ = 23,30%
   TIR$_{CHF}$ = 25,77%

7. Flujo de caja del proyecto
   Rendimiento en francos suizos = 11,34%
   VAN = CHF 94.564
   TIR = 17,44%
   IR = 1,22

   Rendimiento en dólares americanos = 10,24%
   VAN = US$ 101.268
   TIR = 16,28%
   IR = 1,22

Flujo de caja del accionista
Rendimiento en francos suizos = 14,30%
VAN = CHF 77.830
TIR = 21,64%
IR = 1,27

Rendimiento en dólares americanos = 13,17%
VAN = US$ 83.347
TIR = 20,44%
IR = 1,27

Indice

Bibliografía

Baca Urbina Gabriel: "Evaluación de Proyectos", cuarta edición McGraw Hill, 2001.

Brealey Richard A., Myers Stewart C.: "Principios de Finanzas Corporativas", McGraw Hill, 1996.

Ross Stephen, Westerfield Randolph, Jaffe Jeffrey: "Finanzas Corporativas", séptima edición McGraw Hill, 2005.

Sapag Chain Nassir, Sapag Chain Reinaldo: "Preparación y Evaluación de Proyectos", quinta edición McGraw Hill, 2007.

Van Horne James, Wachowicz Jhon: "Fundamentos de Administración Financiera", octava edición Prentice Hall, 1994.

Weston Fred J., Copeland Thomas E.: "Finanzas en Administración", novena edición McGraw Hill, 1995.